R

*Thomas Kraft*

# Rock'n'Read

*Wie Literatur Rockmusik inspiriert*

Reiffer

Thomas Kraft
Rock'n'Read
Wie Literatur Rockmusik inspiriert

Umschlaggestaltung von Marcel Pollex unter Verwendung eines Fotos von Daigo Oliva (Patti Smith)

Hergestellt mit Materialien aus verantwortungsvollen Quellen
(FSC® C107574)


ISBN 978-3-945715-95-6

Verlag Andreas Reiffer, Hauptstr. 16 b, D-38527 Meine
www.verlag-reiffer.de

*Paperback writer, paperback writer.*
*Dear Sir or Madam, will you read my book?*
*It took me years to write, will you take a look?*

John Lennon / Paul McCartney

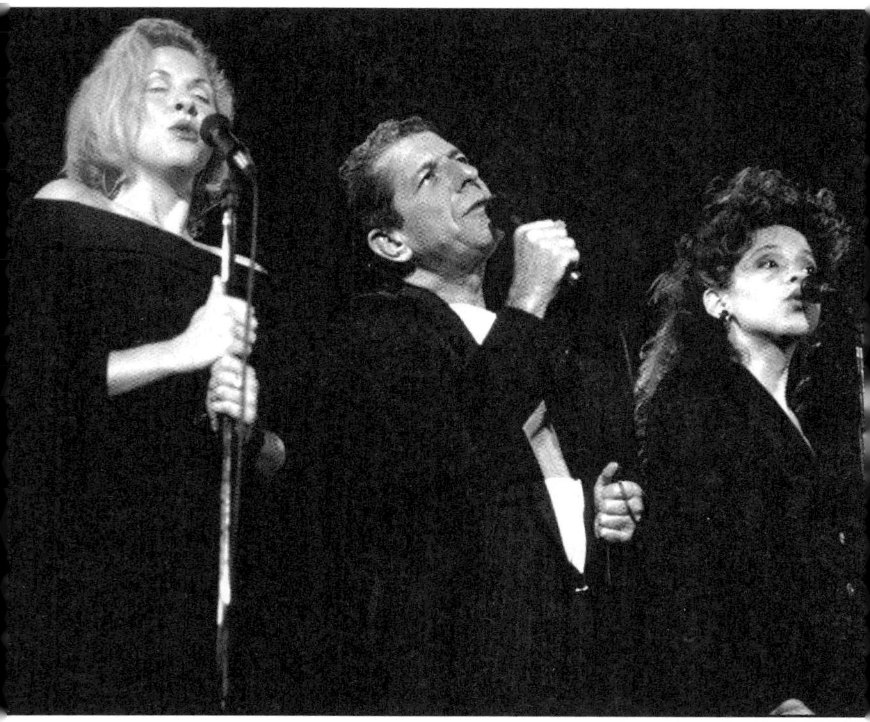

# Inhalt

# Intro

Bei einem Gedächtniskonzert für Brian Jones, das am 5. Juli 1969 im Londoner Hydepark stattfand, rezitierte Mick Jagger Passagen eines Gedichts von Percy B. Shelley mit dem Titel »Adonais: An Elegy on the Death of John Keats«. John Lennon galt in seiner Jugend als begeisterter Leser der Geschichten von Lewis Carroll. Diese Eindrücke finden sich in seinem Buch »In His Own Write« (1964) wieder und sind in Songs der Beatles wie »I am the Walrus« und »Lucy in the Sky With Diamonds« eingegangen. Nick Cave, der selbst Romane schreibt, zitiert trotz seiner Punk-Wurzeln gerne aus der Bibel und schrieb 1998 eine Einleitung zum Markus-Evangelium. Für die Wiener Schule für Dichtung hält er Vorlesungen zur Theorie des Songwritings. Und spätestens als Bob Dylan 2016 den Nobelpreis für Literatur zugesprochen bekam, war evident, dass Literatur und Rockmusik vielfältig miteinander verknüpft sein können.

Sänger und Texter wie Leonard Cohen, Patti Smith und Bob Dylan verstanden sich stets als Dichter, die ihre Gedichte als Lieder sangen, damit sie ein größeres Publikum erreichten. Jim Morrisons wilde Bühnenshows waren im Grunde performative Lesungen im Stil der Beatniks. David Bowie inszenierte sich als Gesamtkunstwerk, sog die modernen Einflüsse von Film, Literatur und Mode in sich auf und fand so zu einer eigenen Ausdrucksform. Lou Reed studierte bei Delmore Schwartz, einem New Yorker Schriftsteller, und führte der Rockmusik neue und brisante Themen wie Sadomasochismus und Drogenkonsum zu, auf die er bei seinen Lektüren gestoßen war. »Walk on the Wild Side«, sein berühmtester Song, ist eine Referenz an Nelson Algrens gleichnamigen Roman von 1956.

Musiker wie David Byrne von den Talking Heads, Kae Tempest, Nick Cave, Lydia Lunch, Gil Scott-Heron, Kevin Coyne, Ry Cooder, PJ Harvey, Willy Vlautin und Mick Farren arbeite(te)n auch als Autoren. Die Beatniks um Allen Ginsberg und Gregory Corso wirkten stilbildend mit ihren lyrisch-musikalischen Experimenten und Auftritten. So gründete Kinky Friedman die Country-Band Kinky Friedman and His Texas Jewboys, tourte mit Bob Dylan und spielte auf der Inaugurationsfeier von Bill Clinton. Nachdem er eine weibliche Geisel aus den Händen von Bankräubern gerettet hatte, verlegte er sich auf das Schreiben von Kriminalromanen. Tuli Kupferberg, den Cartoonisten und Autor, kennt man auch als Mitglied von The Fugs. William S. Burroughs arbeitete unter anderem mit Kurt Cobain, Tom Waits und Bill Laswell zusammen.

Auch im deutschen Sprachraum verbindet man mit Musikern wie Sven Regener (Element of Crime), Jochen Distelmeyer (Blumfeld), Judith Holofernes (Wir sind Helden), Christiane Rösinger (Britta), Frank Spilker (Die Sterne), Thees Uhlmann (Tomte), Markus Berges (Erdmöbel), Florian Weber (Sportfreunde Stiller) und Thomas Meinecke (F.S.K.) schon längst nicht mehr nur ihre Musik.

Bands wie Beggar's Opera, Big Brother and the Holding Company, Gunga Din, Hölderlin, Faust, Moby, Novalis, Steppenwolf, The Dubliners, The Soft Machine, The Velvet

Underground, Steely Dan und Uriah Heep benannten sich nach Autoren, Romanen und Theaterstücken.

Pop ist mit seinen Bildern, Zeichen und Codes längst in unsere Alltagskultur eingeflossen. Und es gibt, spätestens seit Mitte der 90er, den Begriff Popliteratur. Benjamin v. Stuckrad-Barre brachte 1998 ein »Soloalbum« heraus. Jennifer Egan baut ihren Roman »Der größere Teil der Welt« (2012) wie ein Konzeptalbum auf. Navid Kermani beschreibt in »Das Buch der von Neil Young Getöteten« (2001), wie er sein Baby zu den Klängen von »The Last Trip to Tulsa« in den Schlaf wiegte. Der solitäre Rainald Goetz nimmt seine Leser in »Rave« (1998) auf die immerwährende Techno-Party in Berlin mit. Roddy Doyle erzählt in »The Commitments« vom Aufstieg einer irischen Band, der auch erfolgreich verfilmt wurde. Werner Fritsch setzte Nico, »der Sphinx aus Eis«, in einem Monolog für die Bühne und als Hörspiel ein dramatisches Denkmal. Marianne Faithful, Helen Schneider, Sting, Patti Smith und Nick Cave sangen Songs von Bertolt Brecht und Kurt Weill. Juli Zeh setzte ihren Roman »Corpus Deliciti« (2009) als »Schallnovelle« mit der Band Slut musikalisch um, und Vanden Plas brachte 2015 die Rockoper »Blutnacht« nach Motiven und Figuren eines Romanzyklus von Wolfgang Hohlbein auf die Bühne.

Die Bezüge zwischen Literatur und Rockmusik sind heute vielfältig und überall greifbar. Seit der Rock 'n' Roll ein neues Lebensgefühl in die Welt setzte, lockern sich Traditionen und Konventionen, werden offener und durchlässiger und sorgen so dafür, dass sich die wechselseitigen Impulse zwischen den Künsten verstärken.

Im berühmten Circus-Interview vom Oktober 1970 bekannte Jim Morrison, dass er »anfangs nicht Mitglied einer Band sein wollte. Ich wollte Filme machen, Stücke schreiben, Bücher. Als ich in die Band kam, wollte ich einige dieser Ideen einbringen. Allzu viel ist nicht daraus geworden.« Auch wenn Morrison ein Jahr vor seinem Tod etwas frustriert klingt, was seine ursprünglichen literarischen Ambitionen betrifft, so sind doch die Songs und Gedichte, die er uns hinterlassen hat, ein wunderbarer Kosmos aus Literatur und Musik, in dem man sich gerne aufhält.

Dieser Band, der lediglich einige Dimensionen dieses Universums aufreißen kann, ist als Einladung an alle zu verstehen, die sich für Literatur und Rockmusik gleichermaßen begeistern und dabei alte Wege neu abschreiten und unbekannte Pfade entdecken wollen.

Der deutsche Romancier, Lyriker und Essayist Matthias Politycki titelte 1995 in der Frankfurter Rundschau »Literatur muss sein wie Rockmusik« und fragte, ob es »nicht wunderbar wäre, wenn sie (die Literatur) dieselbe Kraft, dieselbe Magie wieder hätte wie ein Peter Green in seinen besten Tagen, der mit dem ersten zärtlichen Bezupfen seiner Gitarre bereits alles, alles klarmacht?« Ob sich nun die Literatur an der Rockmusik energetisch aufladen möge und »um ihr Leben« kämpfen müsse, kann man diskutieren. Aber dass es im besten Fall um eine vergleichbare Wirkungskraft gehen kann, die mit Text und Klang auf Kopf, Bauch und Beine zielt, darf man durchaus gut finden.

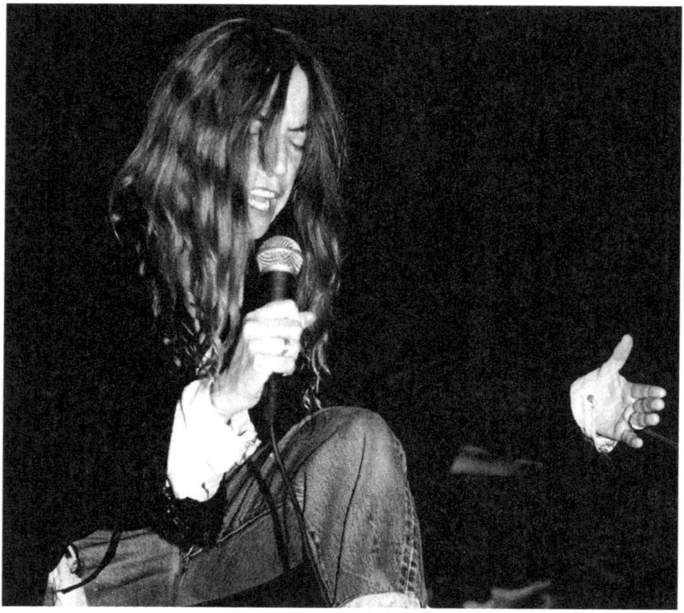

# Rebellen

*Patti Smith und Arthur Rimbaud*

Im Dezember 1975 erschien im US-Magazin Crawdaddy ein Artikel von Susan Shapiro mit dem Titel »Patti Smith. Somewhere, Over the Rimbaud«. Wenige Tage zuvor war das Debütalbum »Horses« von Patti Smith veröffentlicht worden, und an diesem Album stimmte einfach alles. Aufgenommen in Jimi Hendrix' New Yorker Electric Ladyland Studios. Produziert von John Cale. Das Cover versehen mit einem ikonografischen Foto, das Robert Mapplethorpe von seiner Freundin Patti geschossen hatte und das in die Fotogeschichte eingehen sollte: eine schmale Frau mit kühlem, selbstbewusstem Blick, der typische Punk-Crooner in Schwarz-Weiß mit Hosenträgern und lässig die Jacke über der Schulter, »im Stil von Frank Sinatra. Ich war voller Referenzen«, so Smith. Mit ihrem Spoken Word Rock katapultierte sich Patti Smith aus der New Yorker Undergroundszene ins internationale Rampenlicht. Ihre Musik war energetisch, die Stimme rau, ihre Texte anspielungsreich. Sie verwiesen schon da teilweise auf den französischen Dichter Arthur Rimbaud (1854–1891), der bis heute eine tragende Rolle in ihrem Leben spielt: »Then he cries, then he screams, saying/ Life is full of pain, I'm cruisin' through my brain/ And I fill my nose with snow and go Rimbaud,/ Go Rimbaud, go Rimbaud,/ And go Johnny go, and do the watusi, oh do the watusi« (»Land«, 1975).

Patti Smith wuchs in einer Arbeiterfamilie in Chicago auf. Sie war groß, dünn und wild, las ständig Bücher und schrieb schlechte Gedichte. Elegien für Charlie Parker. Sie hörte John Coltrane und träumte von Paris. Mit sechzehn klaute sie an einem Bücherstand gegenüber des Busbahnhofs in Philadelphia die »Illuminationen« (1886) von Arthur Rimbaud. Das Cover mit seinem Bild faszinierte sie, er sah so jung und cool aus, wie Bob Dylan, ein Held ihrer mädchenhaften Tagträume: »Sein hochmütiger Blick vom Umschlag der ›Illuminationen‹ begegnete meinem. Er besaß eine ehrfurchtslose Intelligenz, die etwas in mir entzündete, und ich nahm ihn sofort als Landsmann, als Verwandten, sogar als heimliche Liebe an. Da ich noch nicht mal die neunundneunzig Cent hatte, um das Buch zu kaufen, steckte ich es heimlich ein. Rimbaud besaß den Schlüssel zu einer mystischen Sprache, die ich verschlang, ohne sie ganz enträtseln zu können. Meine unerwiderte Liebe zu ihm war so real für mich wie alles, was ich tatsächlich erlebt hatte. In der Druckerei, in der ich mit einer Gruppe von raubeinigen, ungebildeten Frauen arbeitete, wurde ich in seinem Namen schikaniert. Sie verdächtigten mich, Kommunistin zu sein, weil ich ein Buch in einer fremden Sprache las, und gingen auf dem Klo auf mich los, um mich dazu zu bringen, ihm abzuschwören. In dieser Atmosphäre begann es, in mir zu gären. Nur für ihn schrieb und träumte ich. Er wurde mein Erzengel, der mich aus den profanen Schrecken der Druckerei erlöste. Seine Hände hatten eine Gebrauchsanweisung für den

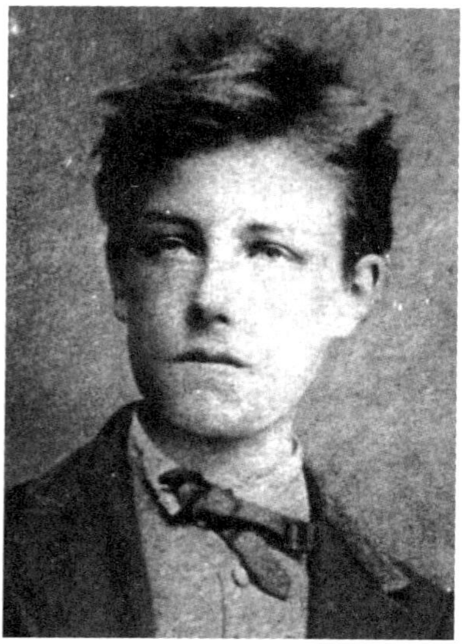
Arthur Rimbaud

Himmel in Stein gemeißelt, und ich klammerte mich daran fest. Ihn zu kennen ließ mich forscher auftreten, und das war mir nicht mehr zu nehmen. Ich warf meine Ausgabe der ›Illuminationen‹ in einen karierten Koffer. Wir würden zusammen fliehen.«

Die junge Patti war einsam, wurde unverhofft schwanger, gebar ein Mädchen und gab es zur Adoption frei. Sie wollte frei sein, kündigte ihre Stelle und zog nach New York: »Neue Szene, neuer Lärm« (Arthur Rimbaud).

Patti Smith verliebte sich in den Fotografen Robert Mapplethorpe, bezog mit ihm eine verwahrloste Wohnung in Brooklyn und begann zwischen Sperrmüllmöbeln ihren Traum zu leben. »Alle meine Schätze lagen zwischen der Wäsche. Mein Arbeitsbereich war ein wüstes Durcheinander von Manuskriptseiten, stockfleckigen Klassikern, kaputtem Spielzeug und Talismanen. Ich heftete Bilder von Rimbaud, Bob Dylan, Lotte Lenya, Piaf, Genet und John Lennon über ein provisorisches Pult, auf dem ich meine Federn, mein Tintenfass und meine Klassen arrangierte – mein mönchisches Durcheinander.«

Seit sie sieben Jahre alt war, schrieb sie, anfangs Gebete, dann Gedichte und kleine Erzählungen. Schreiben und lesen wurden zu einer Befreiung, zu einer obsessiven Beschäftigung und Lebensaufgabe. Sie sammelte Träume und verlor sich zeitlebens in ihren Fantasien. Mit Jim Morrison, den sie mit seiner Band The Doors im Fillmore East sah, teilte sie eine Vorliebe für die Gedichte von William Blake, von dem sie schon früh bibliophile Ausgaben besaß. Sie beobachtete Morrison auf der Bühne, registrierte seine Unsicherheit und blieb auf Distanz. »Ihn umgab eine Mischung aus Schönheit und Selbstekel, ein mystischer Schmerz, ein heiliger Sebastian der West Coast.«

Inspiriert von seiner anarchischen Performance entwickelte sie die Idee, ebenfalls die Bühne für ihre Texte zu nutzen. Mittlerweile war sie, eine schlaksige, zweiundzwanzigjährige Buchverkäuferin, mit Robert ins legendäre Chelsea Hotel gezogen und bewegte sich in der New Yorker Künstlerszene. Sie las »Junkie« von William S. Burroughs und »The Happy Birthday of Death« von Gregory Corso. Sie fuhr mit Robert nach Coney Island mit seinem brüchigen Charme, versuchte sich als Schauspielerin, lernte Janis Joplin, Eric Andersen, Roger McGuinn, Jimi Hendrix und Kris Kristofferson kennen und verkehrte im Umfeld von Andy Warhols Factory. Der Autor Jim Caroll, der die Open-Mike-Veranstaltung moderierte, wirkte auf sie »wie eine Mischung von Arthur Rimbaud und Parzival, dem heiligen Narren«. Sie schrieb täglich, übte diszipliniert und arbeitete sich an literarischen Vorbildern wie Blaise Cendrars, Majakowski und Gregory Corso ab. Sie kaufte sich ein Bob-Dylan-Songbook, freundete sich mit dem Schauspieler Sam Shepard an und schrieb für den Rolling Stone eine Rezension über eine Platte von Lotte Lenya, weil Dylan sie auf dem Cover von »Bringing it All Back Home« in einem Stapel herumliegen hatte. Sie wuchs in die Rockszene hinein, »erst als Autorin und irgendwann dann auch als Performerin«.

Nachdem sie The Doors live gesehen hatte, dachte Patti Smith zum ersten Mal, dass sie das auch kann: vor einer Menschenmenge stehen und sich wirklich lebendig fühlen. Zudem verspürte sie den Wunsch, vor allem laut zu lesen. Sie fand es jedes Mal langweilig, wenn junge Dichter ihre Texte ruhig, mit monotoner oder steifer Stimme vorlasen. Nachdem ihre ersten Texte in amerikanischen Literaturzeitschriften erschienen wa-

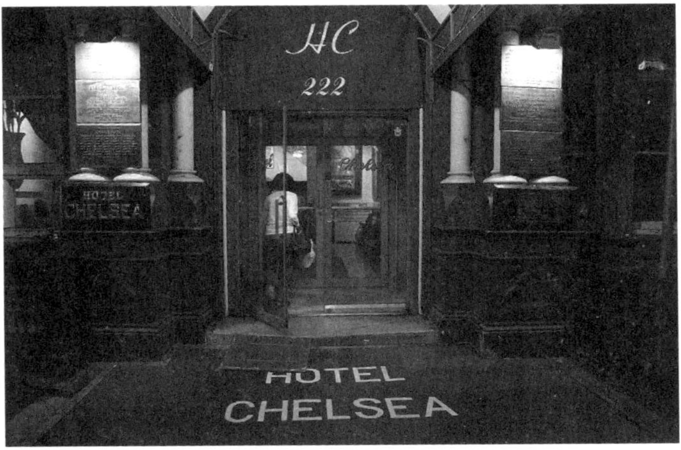

Chelsea Hotel, New York City

ren, bekam sie das Angebot, im Rahmen einer renommierten Lesereihe in der St. Mark's Church aufzutreten. »Um ein Forum wie das Poetry Project unter der Leitung von Anne Waldman rissen sich selbst arriviertest Dichter. Robert Creeley, Allen Ginsberg, Ted Berrigan – alle hatten dort schon gelesen. Wenn ich mit meinen Gedichten auftreten wollte, dann dort. Ich wollte mich nicht nur behaupten oder einen guten ersten Eindruck machen. Ich wollte St. Mark's zu einem Markstein machen. Ich tat es für die Dichtung. Ich tat es für Rimbaud, und ich tat es für Gregory. Ich wollte das geschriebene Wort mit der Unmittelbarkeit des Rock 'n' Roll aufladen – ein Frontalangriff.« Sie holte Lenny Kaye an der E-Gitarre dazu. Es war der 10. Februar 1971. Es war Vollmond und Bertolt Brechts Geburtstag. Beides konnte nur gut sein. »Aus Hochachtung für Bertolt Brecht beschloss ich, zum Auftakt der Lesung ›Mackie Messer‹ zu singen. Lenny spielte dazu. Es war die Nacht der Nächte.« Unter den Zuhörern befanden sich Andy Warhol, Lou Reed, Sandy Pearlman, Joe Brainard und Todd Rundgren.

Als sie kurz darauf in Los Angeles an einer Reklametafel vorbeifuhr, auf der die neue Platte der Doors, »L. A. Woman«, beworben wurde, bekam sie Gewissensbisse, weil sie schon fast vergessen hatte, wie wichtig Jim Morrison für sie gewesen war. »Er hatte mir den Weg gewiesen, Dichtung mit Rock 'n' Roll zu verschmelzen, und ich beschloss, das Album zu kaufen und ein Stück zu schreiben, das seiner würdig war.«

Mittlerweile liiert mit Allen Lanier, dem Keyborder von Blue Öyster Cult, wurde sie von ihm, Tom Verlaine von Television und Robert ermutigt, mehr zu singen: »Auch wir wollten zu den Waffen greifen, den Waffen unserer Generation, der elektrischen Gitarre und dem Mikrofon.« Als Bob Dylan zu einem ihrer Club-Konzerte kam, glaubte sie, eine Kraft und Energie zu spüren, die von ihm auf sie überging: »Ich empfand diese Nacht wie eine Initiation, in der ich in Gegenwart dieses Menschen, nach dessen Vorbild ich mich erschaffen hatte, endgültig ich selbst wurde.« Es waren Musiker wie Lou Reed, Jim Morrison und Bob Dylan, an denen sie sich orientierte, und es sind die Dichter wie Arthur Rimbaud, William Blake und Bertolt Brecht, die sie durch ihre Arbeit begleiten und nachhaltig inspirieren.

»I keep trying to figure out what it means
to be american. When I look in myself
I see arabian, venus, nineteenth-century
french but I can't recognize what
makes me american.«

Patti Smith, »Early Work« (1971)

Von 1973 stammt ihre Zeichnung, die das Porträt von Arthur Rimbaud zeigt und das Patti Smith »St. Rimbaud« betitelt und mit dem Satz: »il dit: they can't press me down!« versehen hat. Immer wieder kreisen ihre Gedanken um den französischen Dichter, dem sich sie sich seelenverwandt fühlt. Rimbaud war verdammt jung, genial, rastlos, ein Suchender, der über die Kraft des Wortes verfügte. Ein Poet. Ein Unvollendeter. »Rimbaud was a rolling stone/ are all prophets persecuted? He was so damn young.«

Sie klebte sein Bild »mit seinem trotzigen Dylan-Gesicht« über ihr Schreibpult. Sie schrieb Gedichte über Gedichte, oft fragmentarisch, kurz notiert, Aperçus und den Anfang eines Theaterstücks, »einen Dialog zwischen dem Dichter Paul Verlaine und mir, einen Schlagabtausch um Arthurs unerreichbare Liebe«. In ihren Tagträumen erschien ihr das verschollene Werk des Dichters, das er im äthiopischen Harar geschrieben und in einer Ledertasche versteckt hätte. Spontan beschloss sie nach Äthiopien zu reisen und der Welt Rimbauds Gedichte zum Geschenk zu machen. Bei Sam Shepard und Robert Mapplethorpe verfing ihr Plan nicht, sie legte ihn beiseite.

Nachdem 1972 ihr erster Gedichtband »Seventh Heaven« und zwei weitere Sammlungen erschienen waren, fand sich mit Gotham Book Mart ein exquisiter Verlag bereit, ihren nächsten Band, »Witt«, zu veröffentlichen. Der Verleger Andy Brown richtete im September 1973 eine Release-Party für das Buch aus, bei der gleichzeitig zum ersten Mal ihre Zeichnungen öffentlich ausgestellt wurden. Brown schätzte die angehende Dichterin und versprach ihr, falls sie eine Monografie zu Rimbaud schriebe, würde er sie veröffentlichen.

An Rimbauds Todestag gab Smith die erste ihrer »Rock and Rimbaud«-Performances, die auf dem Dach des Le Jardin im Hotel Diplomat am Times Square stattfand und eine feste Institution werden sollte. »Auf dem Programm standen Lyrik und Songs, die alle um meine Liebe zu Rimbaud kreisten. [...] Wir schauen uns unser Publikum an und waren verblüfft, dass Leute von Steve Paul bis Susan Sontag gekommen waren. Zum ersten Mal kam mir der Gedanke, dass es kein einmaliges Ereignis bleiben musste, dass wir das Potenzial hatten, darauf etwas aufzubauen.«

Nachdem der Plan, eine Reise nach Äthiopien zu unternehmen, geplatzt war, wählte Patti Smith die kleinere Variante und fuhr im Oktober 1973 nach Charleville in Frankreich, um Rimbauds Geburtshaus und seine letzte Ruhestätte aufzusuchen. In Paris, wo sie schon 1969 gewesen war und in der Rue Campagne-Première Nr. 9 gewohnt hatte, wie viele Künstler (Verlaine, Rimbaud, Duchamp, Man Ray) vor ihr suchte sie, die Rimbaud-Biografie von Enid Starkie in der Hand, das Hôtel des Étrangers in der Rue Racine auf. Hier hatte Rimbaud einst im Zimmer des Komponisten Ernest Cabaner übernachtet. Da alle Zimmer belegt waren, führte sie der Portier in eine Dachkammer und versorgte sie mit dem Nötigsten.

Um ihren Idolen nahe zu sein, scheute Smith noch nie irgendwelche Mühen. Egal, ob sie nach Saint-Laurent-du-Maroni reiste, einer Grenzstadt im Nordwesten von Französisch-Guyana, ehemalige Strafkolonie und Sehnsuchtsort von Jean Genet, oder die Familie von Roberto Bolãno im Nordosten Spaniens aufsuchte, nur um auf seinem Stuhl zu sitzen, es scheint, als sei sie ihr halbes Leben zu den Orten der Dichter unterwegs, die ihr lieb und wert sind. Sie summte das Schlaflied der Mutter Courage an Brechts Grab auf dem Dorotheenstädtischen Friedhof in Berlin, schaute William S. Burroughs beim Schießen auf Blechdosen in seinem Garten zu, stand am Grab von Sylvia Plath in West Yorkshire und besuchte Paul Bowles in Tanger und trank Tee mit ihm. Überhaupt sucht sie häufig Gräber auf, der Tod ist ihrem Leben schmerzhaft eingeschrieben. Auch ihr Mann Fred Sonic ist früh verstorben. Und sie sammelt: Freds Angelhaken, Bücher, Perlen und Steine. Und macht ständig Polaroids. »Alles gibt etwas preis«, sagt sie. »Fotografien ihre Geschichte. Bücher ihre Worte. Wände ihre Geräusche. Die Geister erhoben sich wie ein Äther, der eine Arabeske spann und sanft wie eine huldvolle Maske landete.« So hat sie Fotos gemacht von der Brille von Beckett, der Schreibmaschine von Hesse, vom Krankenbett Keats', von Rimbauds Haus. Sie arbeitet ständig, meist an mehreren Projekten gleichzeitig, liest alles – von Mankell bis Murakami.

Als Smith in Charleville ankam, war das Musée Rimbaud geschlossen. Hinter einem Garten mit großen Kohlköpfen lag die letzte Ruhestätte Rimbauds. Auf dem Grabstein steht: »Priez pour lui« (»Betet für ihn«). Das Grab war vernachlässigt, sie reinigte es und legte blaue Glasperlen aus Harar in eine steinerne Urne. Als sie dann doch ins Museum eingelassen wurde, fand sie dort Rimbauds Geografiebuch, seine Reisetasche, seinen Trinkbecher aus Blech, seinen Löffel und Kelim. Zum Abschluss genehmigte sie sich einen Drink in der Rimbaud Bar. »Nach einer Weile ging ich wieder und kehrte in die behagliche Wärme meines Hotelzimmers mit seinem geblümten Landhausdekor

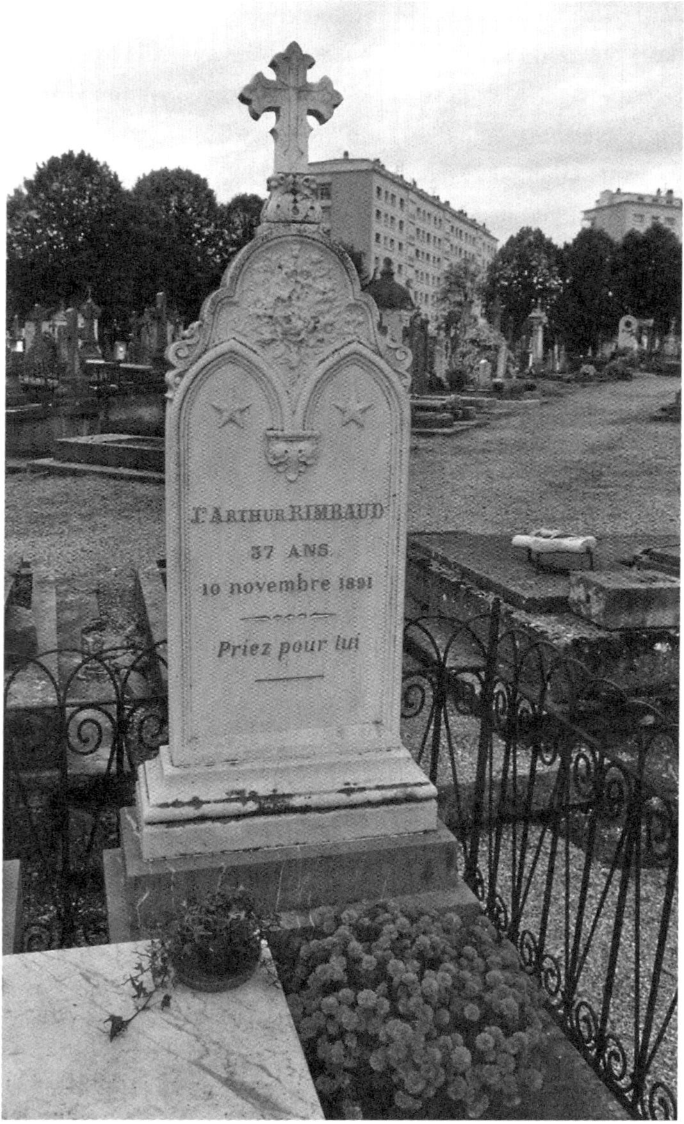


Grab von Arthur Rimbaud, Charleville

zurück. ›Tiny flowers spattering the wall, just as the sky had been spattered with budding stars./ Winzige Blumen sprenkeln die Wand/ wie knospende Sterne den Himmel sprenkeln.‹ Das war der einsame Eintrag in mein Notizbuch. Ich hatte mir vorgestellt, ich würde hier Worte schreiben, die Nerven in der Luft zerreißen, Rimbaud Ehre machen und den Glauben aller an mich rechtfertigen würden, aber daraus wurde nichts.« Stattdessen legte sie sich eine abessinische Katze namens Cairo zu und trinkt seidem ständig Kaffee.

»I am a widow, could be charleville could be anywhere,
move behind the plow, the fields, young arthur lurks
about the farmhouse (roche?) the pump the artesian
well, throws green glass alias crystal broken,
gets me in the eye.

[...]

Oh arthur arthur. we are in Abyssinia Aden, making love
smoking cigarettes, we kiss, but its much more, azure,
blue pool, oil slick lake, sensations telescope, animate,
crystalline gulf, balls of colored glass exploding,
seam of berber tent splitting, openings, open as a cave,
open wider, total surrender.«

Patti Smith, »Dream of Rimbaud« (1978)

Doch wer ist eigentlich dieser Arthur Rimbaud, der so viele Dichter und Musiker der Beat- und Rock-'n'-Roll-Generation in seinen Bann zog? Und was war es, das sie an ihm so faszinierte? Allen Ginsberg hat Arthur Rimbaud als »den ersten Punk« bezeichnet, der die Poesie der Beat Poets mit seinen Gedichten und seiner Vision von einer Dichtung (»écriture automatique«) befeuert hat. Eigentlich war er so etwas wie der Prototyp eines Rockstars. Jung und gut aussehend, ein hochtalentierter Feuerkopf, rebellisch und leicht verwirrt, ein enfant terrible, ein kurzes und explosives Leben lang. 1854 in Charleville in den Ardennen geboren, im Ortsteil Roche, ein »trauriges Loch« (Arthur Rimbaud). In bescheidene Verhältnisse hineingeboren, verlebte Arthur eine unglückliche Kindheit. Der Vater, ein Armeeoffizier, verließ früh die Familie. Die Mutter führte ein strenges Regiment. Arthur brach – wie Patti Smith, die mit sieben Jahren das erste Mal von Zuhause fortlief – immer wieder aus: »Mein Leben ist erschöpft. Lass uns gehen! Lass uns faul sein, oh schade! Und wir werden existieren, indem wir Spaß haben, von Monsterlieben und fantastischen Universen träumen, indem wir uns über die Erscheinungen der Welt beschweren und streiten, Mountebank, Bettler, Künstler, Bandit – Priester!« Das schrieb Arthur mit achtzehn Jahren.

Davor war er ein Musterschüler, der mit sechzehn sein erstes Gedicht veröffentlichte und die klare Vorstellung hatte, ein großer Dichter zu werden. Er revoltierte gegen seine Heimat, die Schule und das Elternhaus und suchte die Freiheit und das Abenteuer. Immer experimenteller, teilweise auch politischer wurden seine Gedichte, als er sich nach dem Krieg 1870 für die Revolution und sozialistische Ideen begeisterte. Er knüpfte Kontakte zu anderen Dichtern, fuhr auf eigene Faust nach Paris, landete im Gefängnis und schrieb und schrieb. 1871 schickte er dem Dichter Paul Verlaine neue Gedichte. Verlaine lud ihn ein, was Rimbaud so beflügelte, dass er sein vielleicht berühmtestes Gedicht »Le Bateau ivre« (dt. »Das betrunkene Boot«) fertigstellte. Durch sein extrovertiertes Auftreten verprellte er die Pariser Literaturszene. Mit Verlaine verband ihn eine homosexuelle, konfliktreiche Beziehung, die dazu führte, dass Verlaine ihn anschoss und dafür zwei Jahre ins Gefängnis musste. Rimbaud kehrte nach Charleville zurück und schrieb seine Hauptwerke »Illuminations« und »Une saison en enfer« (»Eine Jahreszeit in der Hölle«), ein Gedicht in Buchlänge. Im Mai 1871 gab es keinen bekannteren Slogan aus seinem Werk als das »Il faut être absolument moderne« im letzten Kapitel dieses Großgedichts: »Man muss absolut modern sein.«

Für Rimbaud war es – wie für Patti Smith – ein höllischer Kampf, ein perfektes Gedicht zu verfassen. Als er sich im Haus der Familie zum Schreiben einschloss, hörte ihn seine jüngere Schwester die ganze Zeit schreien und weinen. Am Ende verteilte er »Une saison en enfer«, weil kein französischer Verlag den Text drucken wollte, als selbstveröffentlichtes Booklet an Freunde und gab kurz darauf, im Alter von neunzehn Jahren, die Poesie ganz auf. Welch eine Niederlage, welch eine Entscheidung! Mit neunzehn Jahren!

Patti Smith hat die Gedichte Rimbauds als »glitzernden Graphit« bezeichnet. Kaum jemand aus der Rockmusik-Szene dürfte so von Rimbaud beeinflusst worden sein wie Patti Smith. Als sie mit sechzehn Jahren »The Illuminations« gelesen hatte, hat sie nach eigenem Bekunden nicht viel davon verstanden. Aber sie fand die Verse schön, die ein fast Gleichaltriger geschrieben hatte. Rimbaud war ehrgeizig, wollte die Farbe der Vokale verändern und die Sprache neu erfinden. Sehr komplex für einen Teenager. Und eigentlich zu brillant für einen Menschen seines Alters. Der Weg führte, auch für Patti Smith, fast immer über die Sprache, über ihre Leichtigkeit, über ihre Bilder, ihre Schönheit. Die sie angeregt und zum eigenen Schreiben inspiriert haben – auch wenn das, wie sie immer wieder betont, harte, disziplinierte Arbeit sei.

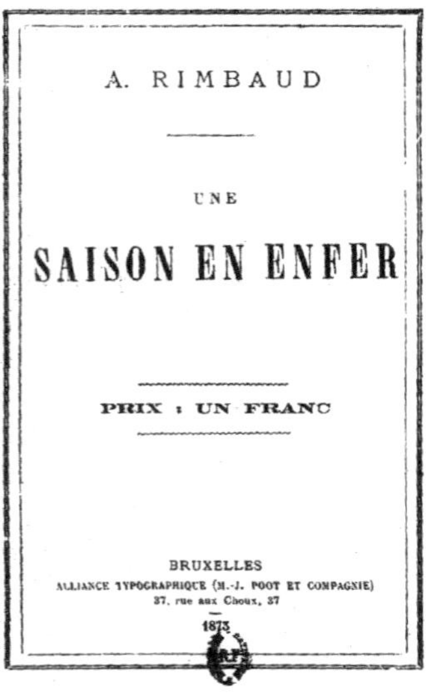
A. RIMBAUD

UNE

SAISON EN ENFER

PRIX : UN FRANC

BRUXELLES
ALLIANCE TYPOGRAPHIQUE (M.-J. POOT ET COMPAGNIE)
37, rue aux Choux, 37
1873

Immerhin handelt das erste Gedicht, das sie über Rimbaud schrieb, davon, mit ihm zu schlafen. Das zweite von seinem Tod. Sie konnte mit ihm träumen. Es entstand so etwas wie Liebe und Freundschaft. Im Vorwort zur amerikanischen Ausgabe von »A Season in Hell«, die 2011 in New York erschien, schreibt sie von »alchemistischen Transformationen der Seele«, von »goldenen« und »ekelhaften Blättern«, die der Autor ausspucke, der seine Vorfahren beschimpfe und schillernde Selbstgespräche führe. »Confusion« stehe unvermittelt neben »Gelächter«. Und in ihrem Buch »Traumsammlerin« (2011) spricht sie im Hinblick auf Rimbaud von »weißer Verzweiflung« und dem »weichen Stoff, in den Tote weinen«. Das Rauschhafte, Ekstatische und Provokante ihrer Songs und

Gedichte fand Smith in der Modernität der Verse Rimbauds, in seinen Vorstellungen vom Dichter als Prophet und Visionär und in der musikalischen Explosivität und dem Erfindungsreichtum seiner Verse. Die Identitäten in seinen Texten scheinen nicht fixiert, sondern wandelbar und leicht surreal, stets auf Reisen, und wenn es nur Reisen im Kopf sind. So hat es Smith immer verstanden, in ihrem Hang zu Fantasie und Spiritualität, in ihrer offensiven, zuweilen androgynen Erotik, ihrem Style, der den sozialen Unterschied transportieren sollte, aber stets ironisiert mit der eleganten Note. Hymnus und Totenmesse liegen bei ihr – und eben auch bei Rimbaud – nahe beisammen.

Der poéte maudit Rimbaud, der literarische Außenseiter, wurde, nachdem er der Poesie sein »Adieu!« entgegengeschleudert hatte, zum Weltreisenden und Abenteurer. Italien, Wien, Brüssel, Java, Alexandria, Hamburg, Zypern, Jemen – das sind nur einige Stationen seines bewegten Lebens, in dem er sich fortan als Söldner und Matrose verdingte, bevor er Waffen, Pelze und Kaffee verkaufte und sich als Geschäftsmann in Äthiopien und Somalia niederließ. Und dies mit einigem Erfolg. Rimbaud sprach gut Arabisch, Oromo und Harari und war mit diesen Kulturen vertraut. Er lebte in Harar, dem heiligsten Ort des Sufismus in Afrika, und fand dort, was er in Europa vermisst hatte: Spiritualität statt Materialismus. Im Februar 1891 erkrankte er an einem Tumor im Knie, liquidierte sein Geschäft und reiste nach Marseille, wo Knochenkrebs diagnostiziert und sein Bein amputiert wurde. Er kehrte auf den Hof der Familie in Roche zurück, wo sich sein Gesundheitszustand so verschlechterte, dass er im August 1891 wieder nach Marseille reiste. Er

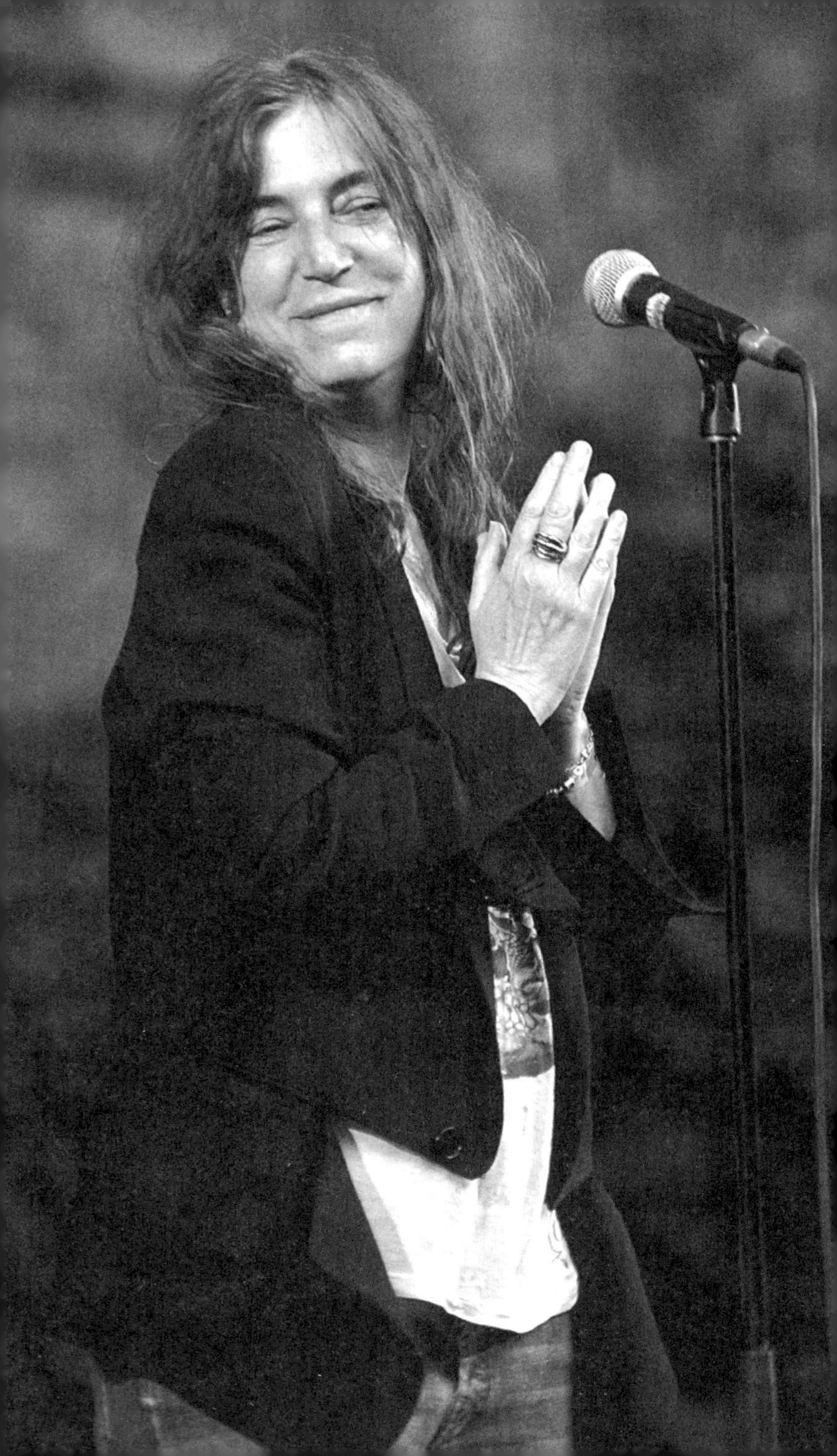

sollte die Klinik nicht mehr verlassen und starb dort am 10. November 1891.

2019 erschien eine Gemeinschaftsproduktion von Soundwalk Collective und Patti Smith unter dem Titel »Mummer Love«, an der auch Philip Glass, Mulatu Astatke und die Sufi Gruppe von Sheik Ibrahim beteiligt sind. Die Aufnahmen, die im ehemaligen Haus von Rimbaud in Harar entstanden, gehen von der Hypothese aus, was passiert wäre, wenn Rimbaud nicht aufgehört hätte, Gedichte zu schreiben. Aber nicht mehr für die westliche Welt, die ihn zurückgestoßen hatte, sondern für die Sufi-Meister aus der Region. Arthur Rimbaud als afrikanischer Poet, als Sufi-Poet, der durch die örtliche Praxis des Singens, das über Stunden geht und in einen tranceähnlichen Zustand führt, seine Texte in eine Realität geführt hätte, die jenseits der erfahrbaren Räume liegt.

Dieser Rauschzustand, den Rimbaud und Smith mit ihren Texten herbeiführen wollen, korrespondiert mit der »Verwirrung der Sinne«, von der Rimbaud früh gesprochen hat. Und die im langen Singen bis zur Erschöpfung ihre Vollendung findet. Rimbauds Gedichte wurden in Oromo und Harari übersetzt. Die Musiker arbeiteten mit der Sufi-Gruppe, um Texte auszuwählen, die ihren mystischen Erfahrungen entsprechen könnten. Die Gruppe schlief mehrere Tage nicht. Es wurde geprobt und wiederholt, bis die Sufis diesen Schwebezustand erreicht hatten, in dem sie wie in Trance tanzten. Patti Smith spricht die Texte auf dieser Klangreise durch Harar. Die Rezitation, Gesang und Musik wirken wie eine geschmeidige Collage aus Klängen, wie sie vielleicht Rimbaud in Harar selbst gehört hat.

Als Patti Smith im Februar 2017 in Paris mit dem Grand Vermeil ausgezeichnet wurde, nutzte sie die Gelegenheit, sich einen weiteren Traum zu erfüllen. Vor mehr als vierzig Jahren war sie in Roche gewesen, um Rimbauds Geburtshaus und sein Grab zu besuchen. Jetzt, da es zu verfallen drohte, kaufte sie es. Das angrenzende Bauernhaus der Familie erwarb 1789 der Urgroßvater des Dichters. 1918 wurde es von den Deutschen im Ersten Weltkrieg zerstört, 1933 wieder aufgebaut, nur um 1940 im Zweiten Weltkrieg wieder zerstört zu werden. Es befindet sich im Wiederaufbau. »Für mich sind nicht die Wände wichtig«, sagt Patti Smith, »sondern die Erde. Es ist das Land seiner Mutter, hier hat er ›A Season in Hell‹ geschrieben, hier hat er gelitten, bevor er in Marseille starb, hier träumte er von seiner Poesie ... Diese Nähe berührt mich. Dieses Haus hat viele Veränderungen erfahren. Es war eine Ruine, die wieder aufgebaut wurde. Die Steine stammen aus dem ursprünglichen Haus, aber die Erde ist die Erde. Vorbeiziehende Landstreicher, Kriege ... es kann den Besitzer wechseln, aber ich bin immer noch sehr gerührt von diesem kleinen Stück Land.«

Smith hat das Haus nur reparieren lassen, wo es nötig schien, sonst wenig verändert. »Ich möchte, dass dieser Ort einfach und klösterlich ist. Die Idee ist, dieses Haus zu einem Schreibwohnsitz zu machen, für eine Woche, einen Monat, ein paar Tage, um zu schreiben oder zu studieren, aber immer nur für eine Person. Ein einsamer Ort. Zum Schreiben und Denken. Es wird eine kleine Dusche, einen Herd, einen Schreibtisch, Bücher geben ... Genau das, was ein Schriftsteller braucht. So rein, wie es nur geht.«

»Some of us are born rebellious. Like Jean Genet or Arthur Rimbaud, I roam these mean streets like a villain, a vagabond, an outcast, scavenging for the scraps that may perchance plummet off humanity's dirty plates, though often sometimes taking a cab to a restaurant is more convenient.« Patti Smith

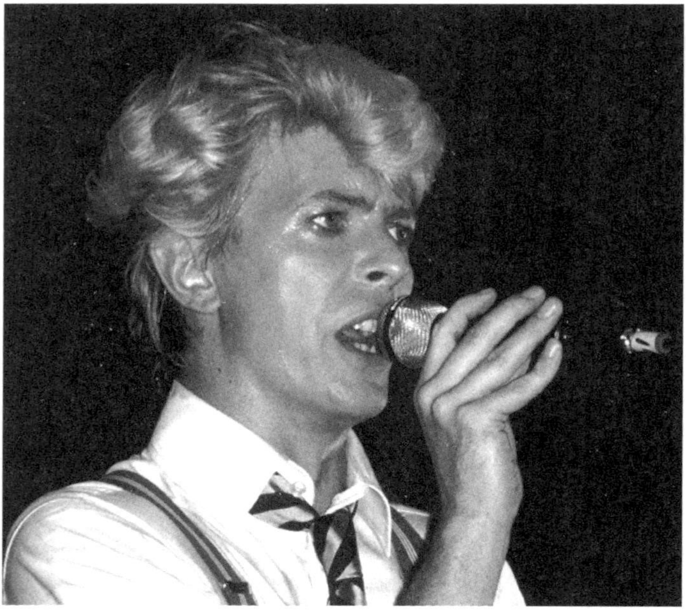

# Absolute Beginners

*David Bowie, Colin MacInnes und Anthony Burgess*

Am Abend des 23. August 1958 kam es im englischen Nottingham zu einer Massenschlägerei zwischen Schwarzen und Weißen mit über eintausend Beteiligten. Als hätte jemand einen Funken an ein Streichholz gehalten, setzten sich diese Rassenunruhen wie ein Flächenbrand fort. Im Londoner Stadtteil Notting Hill (korrekterweise in Notting Dale, etwas nördlich von Notting Hill) griffen bewaffnete Jugendliche, sogenannte Teddy Boys, Häuser schwarzer Anwohner an und skandierten rassistische Parolen. Diese Riots dauerten mehrere Wochen, in deren Verlauf es zu heftigen Ausschreitungen mit etlichen Verletzten kam. Die für ihre Vorliebe für Rock 'n' Roll und dandyhafte Mode bekannten Gangs, meist aus armen Familien stammend, wurden in der Presse schnell dafür verantwortlich gemacht. Spätere Untersuchungen ergaben, dass neonazistische Gruppierungen im Vorfeld rassistische Propaganda betrieben und die Jugendlichen aufgestachelt hatten.

Der Schriftsteller Colin MacInnes hat in seinem Roman »Absolute Beginners« (1959), zweiter Teil einer Metropol-Trilogie, den 50ern und ihrer Jugendkultur in London ein literarisches Denkmal gesetzt. Wenn man seinen Lebenslauf mit David Bowies Londoner Jugendjahren vergleicht, verwundert es nicht, dass sich Bowie zu diesem Roman, in den MacInnes' eigene Erfahrungen eingegangen sind, nicht nur hingezogen fühlte, sondern in der späteren Verfilmung von Julien Temple eine tragende Rolle übernommen und Songs zum Soundtrack beigesteuert hat.

Colin MacInnes wurde 1914 in der Nähe von Notting Hill geboren. Der bisexuelle Vater verließ sehr früh die Familie, die vorübergehend nach Australien auswanderte und 1931 nach

London zurückkehrte. Der siebzehnjährige Colin lebte anfangs in den Slums von Brompton und Camden Town, besuchte Kunstschulen, arbeitete nach dem Kriegsdienst für die BBC und wandte sich privat Männern zu. In den 50ern gab es eine Fülle von Ein-Zimmer-Adressen von Soho bis Marylebone. MacInnes lebte das Leben eines trinkfreudigen Bohemiens und Flaneurs, schrieb Essays und Romane, in denen Drugs & Drinks, Sex & Rock 'n' Roll wesentliche Rollen spielten.

Colin MacInnes engagierte sich nach den Unruhen in einer kurzlebigen Gruppe namens Stars' Campaign for Inter-Racial Friendship und war immer wieder an politischen, antirassistischen Kampagnen beteiligt. Noch 1971 trat er als Zeuge im Prozess gegen den Black-Power-Aktivisten Michael X auf. Michael X hatte die Kommune Black House in der Holloway Street gegründet, die von John Lennon und Yoko Ono finanziell unterstützt wurde. Als Michael X 1975 wegen Mordes zum Tode verurteilt wurde, gehörten Angela Davis, Kate Millett und John Lennon im Prozess zu seinen Unterstützern.

Colin MacInnes blieb ein Außenseiter – oder zumindest ein »Insider-Outsider«, wie er sich selbst bezeichnete. Er fühlte sich im multikulturellen, kosmopolitischen Treiben Londons zu Hause und galt als einer der wichtigsten Schriftsteller der Neuen Linken. 1976 starb er in Hythe, Kent; seine Asche wurde dem Meer übergeben.

Einige der besten journalistischen Arbeiten von MacInnes sind in der Sammlung »England, Half English« (1961) enthalten. So der Essay »Pop Songs and Teenagers« (1958), in dem er eine »abgrundtiefe Ignoranz gebildeter Personen gegenüber der populären Musik von Millionen« feststellt und

»einen Mangel an Neugier auf die Kultur unseres Land im Jahr 1959« beklagt. MacInnes dokumentiert den Aufstieg junger britischer Künstler wie Tommy Steele und Lonnie Donegan, die der Popularität und musikalischen Qualität von Elvis und Paul Anka gleichkämen. Diese jungen Leute seien »eine neue klassenlose Klasse«, unpolitisch, fröhlich und schwul in der, wie er es nennt, »dümmsten Gesellschaft Westeuropas«. Daher seien sie leider auch »der Rohstoff für Kryptofaschismen der schlimmsten Art«. MacInnes hat diese Einschätzung in der Rolle des Wizards in »Absolute Beginners« personalisiert, der sich den rassistischen Angreifern bei den Notting Hill Riots anschließt – obwohl er, wie MacInnes in einer Fußnote zu diesem Aufsatz bemerkt, der Meinung ist, dass die schlimmsten Täter nicht die jungen Leute, sondern die vielen erwachsenen Bürger waren, die einfach nur dastanden und zuschauten.

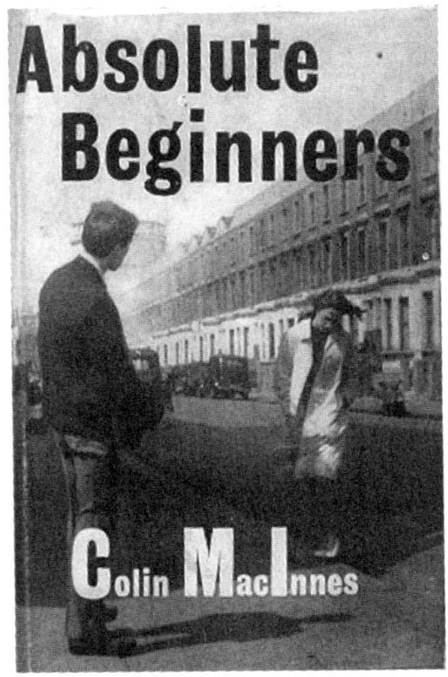


Ein anderer Essay trägt den Titel »Sharp Schmutter« (1959) und thematisiert die Stilformen der zeitgenössischen englischen Herrenmode. Wenn MacInnes die Kleidung der Teddy Boys beschreibt und sich gegen den Mainstream verwahrt, nimmt er vorweg, was David Bowie in Sachen Mode verkörpern wird. In einem Interview von 1987 erinnert sich Bowie an einen Ted, »der bei uns in der Straße lebte und Rasierklingen im Kragen trug. Das hat mich extrem beeindruckt.« Bowie mochte aber lieber italienische Klamotten und besuchte damals schon einen Schneider in Shepherds's Bush, den gleichen wie Marc Bolan. Als er mit The Konrads auftrat, hatten die Mitglieder der Band alle hochgekämmte Tollen, »trugen goldene Cordsakkos, braune Hosen aus Mohair und grüne, braune und weiße Krawatten mit weißen Hemden«. Bowie liebte Little Richard und wäre gerne sein Saxophonist geworden. »Ich wollte den Sound von The Who und das Aussehen von Keith Relf. Ich war ein Mod, aber eher oberflächlich. Ich fuhr nicht gerne Motorroller und ging nicht gern in Clubs.« Aber er trug Fred-Perry-Polohemden und helle Hosen. Sportkleidung. Nichts Buntes.

Der Stil von MacInnes war smart und maßgeschneidert, eine frühe Version des Mod-Stils, der einige Jahre später Furore machen sollte. Seine Mode wurde größtenteils von der neuen, wohlhabenden Arbeiterklasse getragen, obwohl sie eine gewisse klassenlose Anziehungskraft ausübte. In »Absolute Beginners« wird sein Stilbewusstsein deutlich, wenn er zwei Figuren, Misery Kid mit seiner »Trad Drag« und Dean Swift, einen hippen Modernisten, vergleicht. MacInnes feiert die Jugendkultur, ohne sie zu glorifizieren. Er fordert Respekt und eine gewisse Ernsthaftigkeit im Umgang mit ihren Erscheinungsformen. Es ist nicht das glamouröse Bild von Swinging London, das er transportiert, er erzählt eher von den Schattenseiten, schwierigen sozialen Milieus, der erhöhten Mobilität, einem neuen Selbstbewusstsein und dem bevorstehenden sozialen Wandel. MacInnes' Faszination für die Welten schwarzer und insbesondere afrikanischer Einwanderer verbindet sich mit rassistischen Themen wie Drogen, Kriminalität, Sexismus bis hin zu den Perspektiven für das postimperiale Afrika.

In »Absolute Beginners« erzählt MacInnes von einem neunzehnjährigen Teenager, der als freiberuflicher Fotograf in London arbeitet. Die Kamera und eine Vespa sind seine ständigen Begleiter. Seine Mutter betrügt den sanftmütigen Vater, den er liebt. Er hat einen Stiefbruder, mit dem er sich nicht besonders gut versteht, und eine ehemalige Freundin, die einen reichen, schwulen Modedesigner des Geldes wegen heiratet. Und dann gibt es noch seinen Blutsbruder, den protofaschistischen Dealer Wizard, der sich schließlich der Bewegung Keep England White anschließt, seinen Mitbewohner Mr. Cool, den queeren Fabulous Hoplit und den grässlichen Ed the Ted mit seinem Cockney-Slang, der wie der Erzähler aus Pimlico stammt, aber nun nach Bermondsey gezogen ist, um sich einer Gang anzuschließen. Man begleitet den namenlosen Erzähler vier Sommermonate auf seinen episodischen Streifzügen durch London, bis am Ende die Notting Hill Riots explodieren. Er gibt seine Rolle als Beobachter auf, als die Ausschreitungen an Fahrt aufnehmen: »Ich nahm meine Rolleiflex auf, legte sie aber wieder weg, weil sie nicht mehr zu gebrauchen war.«

Der Erzähler unterscheidet immer wieder zwischen der Welt der Teenager und der Mehrheit der Erwachsenen, die als »Quadrate«, »Rekruten«, »Steuerzahler« und »alte Dreckskerle« bezeichnet werden. Darunter sein Vater, der ihn daran erinnert, wie viel schlimmer es für junge Leute in den 30ern war, aber auch sein fünfundzwanzigjähriger Bruder, der aus »einer der letzten

Generationen ist, die aufgewachsen sind, bevor es Teenager gab«. Der Erzähler hingegen ist ein »Blitzbaby«, das während des Krieges geboren wurde. »Sie haben uns das Geld gegeben, und sie haben uns die Verantwortung genommen«, sagt er über die Politik, »uns gefällt es gut ... lass es so bleiben!« Wenn du Jazz hörst, dich bissig kleidest und cool bleibst, dann muss dich der Rest nicht stören, so lautet die Botschaft.

Der Roman wurde ein paar Jahre später als realistisch und authentisch bewertet. Es sind vor allem die Details, die im Gedächtnis bleiben, nicht zuletzt die kleinen Lieferwagen, in denen die Teds und ihre Verbündeten Jagd auf Inder und Schwarze machen.

1986 kam »Absolute Beginners« unter der Regie von Julien Temple in die Kinos. Neben bekannten Filmstars wie James Fox treten David Bowie und Ray Davies von The Kinks auf. Der teure Film wurde heftig kritisiert und war ein finanzielles Desaster. Julien Temple verlor offenbar während der Dreharbeiten die Kontrolle über den Film, der mit seinen Kostümen, Tanzsequenzen und nachsynchronisierten Dialogen an ein Musical wie die »West Side Story« erinnert. »Wir versuchten«, so Temple, »einen Spiegel bis 1958 und einen anderen bis 1985 hochzuhalten und Ideen zwischen den beiden hin und her zu werfen«. Das misslang. Der Soundtrack ist völlig diffus, bringt unter anderem eine Rap-Version von Miles Davis' »So What«, Orchesterstücke von Gil Evans und Songs von Ray Davies, dem Style Council und David Bowie, die eindeutig in eine ganz andere Zeit gehören. Es ist ein Film über Teenager, ihre Idole, ihre Musik, ihre Mode. Absolute Beginners sind junge Erwachsene, die noch unerfahren sind, was Liebe und Sex angeht. Dazu passt Bowies

Titelsong: »I've nothing much to offer/ There's nothing much to take/ I'm an absolute beginner/ But I'm absolutely sane/ As long as we're together/ The rest can go to hell/ I absolutely love you/ But we're absolute beginners/ With eyes completely open/ But nervous all the same [...]«

David Bowie, der stets seine Herkunft aus der Arbeiterklasse betont hat, kann sich gut mit dem jungen Erzähler identifizieren, wie er »wollten wir halt alles, was irgendwie alt war, wegfegen, gegen alles sein, was vorher war«. Der junge Bowie wollte alles ausprobieren, sich treiben lassen, sich selbst entkommen. Zeitlebens litt er unter starken Ängsten, hatte Scheu vor Beziehungen, war oft verzweifelt und panisch. Was ihn aber immer wieder auch kreativ antrieb, sich damit auseinanderzusetzen. Das Elend zu überwinden. Und dabei vom Rand zu kommen, mit neuen Ideen, die sich dem Mainstream, der nur leer und hinfällig schien, widersetzen und unkonventionelle Fragen stellen. Bowie, damals noch David Robert Jones, war in den 60ern ein junger, schöner Mann im Zentrum des britischen Schwulenlebens, der nichts anbrennen ließ.

1962 erschien »A Clockwork Orange« von Anthony Burgess und verstörte seine Leserschaft wegen seiner zeitfernen Handlung (1983!), einer Reihe von extrem brutalen Szenen und einer Kunstsprache, die der Autor eigens für seine jugendlichen Protagonisten erfunden hatte. Um die Entstehung des dystopischen Romans ranken sich Legenden, deren Wahrheitsgehalt nicht überprüfbar ist. Zum einen wurde angeblich bei Burgess 1959 fälschlicherweise Hirnkrebs im Endstadium diagnostiziert. Dies trieb ihn dazu, innerhalb kürzester Zeit fünf Romane zu verfassen, um seiner Frau etwas zu hinterlassen. Für »A Clockwork Orange« benötigte er angeblich unglaubliche drei Wochen, er muss Tag und Nacht geschrieben haben.

Die Handlung des Romans basiert offenbar auf einem schrecklichen Vorfall im April 1944, als seine Frau Lynne auf dem Heimweg von der Arbeit von einer Gruppe amerikanischer Soldaten überfallen und vergewaltigt wurde. Die schwangere Frau erlitt eine Fehlgeburt, eine traumatische Erfahrung.

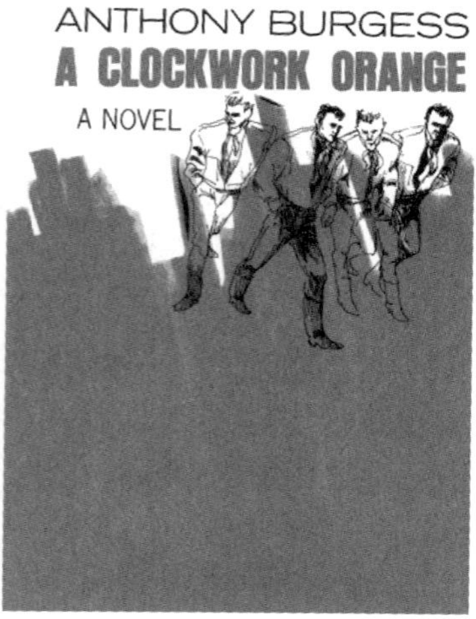


Und doch verurteilt Burgess, der die Mods und Teddy Boys der 60er in ihrer Ambivalenz aus Gewalt und Rebellion gleichsam faszinierend wie abstoßend fand und sie als Vorbild für seine Romanfiguren nahm, die jugendlichen Banden nicht pauschal, sondern zeigt am Ende ein gewisses Verständnis für ihr Bedürfnis, sich von allen gesellschaftlichen Zwängen zu befreien. Am Ende wird die Frage nach der freien Selbstbestimmung des Menschen stehen. Ist der Weg ins Gute oder Böse vorgezeichnet, beeinflussbar oder Ausdruck freien Willens? Kann jemand – auch gegen seinen Willen, gegen seine Prägung – rehabilitiert werden? Dies ist für Burgess die zentrale Frage.

Sein Anti-Held Alex ist der Beethoven verehrende Anführer einer Gang, der Droogs, die nachts im Drogenrausch sinnlos prügeln und vergewaltigen. Die Geschichte ist in einem totalitären England der nahen Zukunft angesiedelt. Die Gewaltorgien der Droogs nehmen meist ihren Anfang in der Korowa Milchbar, in der sie mit Amphetaminen versetzte Mixgetränke konsumieren. Als der Roman 1962 erschien, fanden real die Kämpfe zwischen Mods und Teds im Seebad Brighton statt, verewigt in »Quadrophenia« von The Who und im gleichnamigen Film von Frank Roddam.

Alex ist eine ambivalente Figur, charismatisch und brutal, ein cooler Dandy und Soziopath, der auch vor einem Mord nicht zurückschreckt. Als ihn seine Kumpel im Stich lassen, er verhaftet, verurteilt und einem Umerziehungsprogramm unterworfen wird, wird er vom Subjekt zum Objekt von Gewalt. Am Ende wird die Tortur, eine Art Gehirnwäsche, erfolgreich sein. Alex, der sich in der Konfrontation mit Gewalt und Beethoven nun übergeben muss, mutiert zum braven Spießer mit Familienträumen. Die Moral siegt, was der Kunst schadet.

Das Sensationelle des Romans liegt in seiner Sprache begründet. Nadsat ist eine von Burgess erfundene Kunstsprache, die sich bis heute nicht – wie viele andere Jugendslangs – verbraucht hat. So fiktiv Nadsat ist, so verwendet Burgess doch erkennbar Cockney-Slang und russische Idiome, spielt mit ihnen, dreht sie und baut sie zu einer eigenen Sprachform zusammen. Im Original von 1962 heißt es: »Our pockets were full of deng, so there was no real need from the point of view of crasting any more pretty polly to tolchok some old veck in an alley and viddy him swim in his blood while we counted the takings and divided by four.« Der deutsche Übersetzer Ulrich Blumenbach formuliert kongenial: »Wir hatten die Taschen voll Deng, also war es von wegen noch mehr Penunzia krasten nicht nötig, einen alten

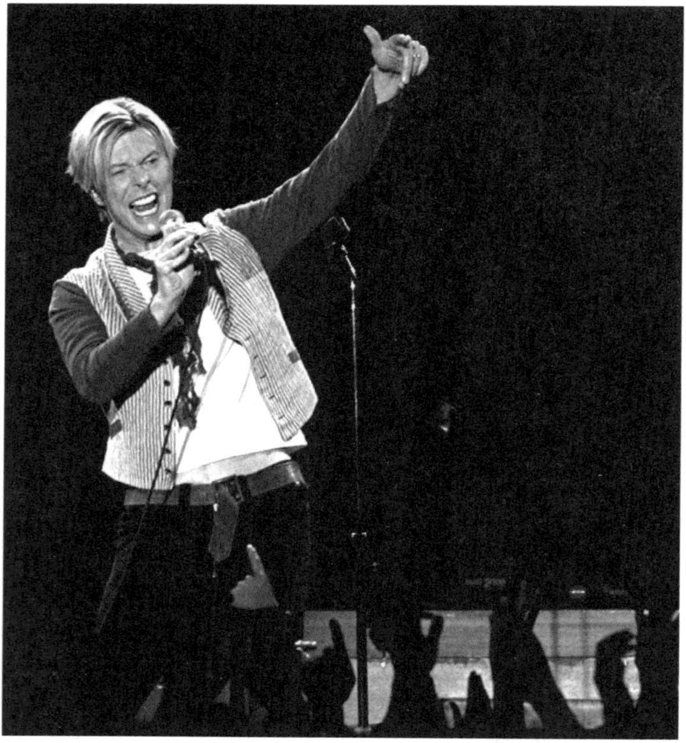

Weck in einer Gasse zu tolschocken und dann zu viddieren, wie er in seinem Blut schwamm, während wir die Einnahmen zählten und durch vier teilten.«

Das Sprachidiom des Romans grenzt ihn von seiner Gegenwart ab, macht ihn zeitlos und weist auf eine noch brutalere Zukunft hin. Burgess, der George Orwells Roman »1984« (1949) überaus schätzte und sich auch darauf bezog, lehnt sich nicht an Orwells Sprachschöpfungen an, die übersetzt werden können, sondern baut auf eine komplett autonome Sprachwelt. Dieser Kniff hat David Bowie fasziniert. In »Girl Loves Me« von seinem letzten Album »Blackstar« (2016), einem bizarren Album voller Sci-Fi-Referenzen, fügt er Nadsat mit den Dialekten Polari und Shelta zusammen. Polari, eine gesprochene Geheimsprache mit Wurzeln im Italienischen, gilt als Sprachcode der Schwulenszene. Eine Geheimsprache, die besonders in den Zeiten, in denen Homosexualität illegal war, geradezu notwendig war. Auch Shelta gilt als Sprache irischer und britischer Artisten, Matrosen und anderer männlicher Gemeinschaften. Subkulturelle Codes von jungen Außenseitern, wie sie Bowie seit seiner Jugend kannte. Es dürfte von tieferer Bedeutung sein, dass Bowie auf seiner letzten Platte nochmals zur Welt von »A Clockwork Orange« zurückkehrt. Im Übrigen ist Bowies »Diamond Dogs« (1974) eine fragmentarische Hommage an George Orwells »1984«. Geplant war ursprünglich eine Art Neufassung als Bühnenshow, aber Orwells Witwe, so Bowie, »hätte geklagt, wenn ich es gewagt hätte, das Buch zu berühren«.

1971 verfilmte Stanley Kubrick den Roman »A Clockwork Orange« unter demselben Titel (angeblich besaß Mick Jagger für kurze Zeit die Filmrechte am Roman), David Bowie und sein Gitarrist Mick Ronson sahen ihn kurz nach der Premiere Mitte Januar 1972 in London. Bowie hatte bereits 1968 Kubricks »2001. A Space Odyssey« im Kino gesehen. Ein Jahr später sollte Apollo 11 auf dem Mond landen und eine globale Begeisterung für die Raumfahrt entzünden. 1972 befand sich Bowie mit seiner Band mitten in den Studioaufnahmen zu »The Rise and Fall of Ziggy Stardust and the Spiders from Mars« (1972). Man kann sich vorstellen, wie Bowie angesichts des Potentials, das er in dem Film gesehen hat, sofort elektrisiert war. Nach eigener Aussage waren es seltener die Literatur, der Text, die ihn inspirierten, sondern Träume und Bilder. Songs reichten ihm auch in der Regel nicht. Bowie wollte das Dreidimensionale, die Verbindung von Text, Musik und Performance, die perfekte Bühnenshow. Optische Verwandlungen bereiteten ihm Vergnügen. Er war ein Fan des Dadaismus und des Expressionismus auch in der bildenden Kunst. Und weil er sich schnell langweilte, sprang er gerne zwischen den Genres hin und her. Es durfte nicht zu intellektuell sein, eher wie bei Lou Reed »auf Straßenhöhe« (David Bowie).

Syd Barrett von Pink Floyd wurde zum Vorbild von Ziggy, mit seinem Make-up und den lackierten Fingernägeln war er der androgyne Prototyp. Bowie wollte die bunte Kostümierung angesichts des scheinbar drohenden Endes der Welt (totalitär, wie sie Orwell und Burgess prophezeiten), den Tanz auf der Apokalypse in vierzig Szenen, Space Rock vor dem großen Bühnenbild mit ihm bzw. seinem Alter Ego Ziggy Stardust im Mittelpunkt. David Bowie wurde von Kansai Yamamoto eingekleidet, das Publikum skandierte »Tuntenverein« und Bands wie Sigue Sigue Sputnik bis hin zu Prince trugen die bunte, androgyne Künstlichkeit in die nächsten Generationen. Interessanterweise kleidete die Designerin Milena Canonero, die für Kubrick die Droogs mit schwarzen Melonen, Boots und Hosenträgern ausgestattet hatte, David Bowie im Vampir-Film »The Hunger / Begierde« (1983) von Tony Scott ein. In Kubricks Film trug Alex falsche Wimpern, die in der angesagten Londoner Boutique Biba in der Kensington High Street gekauft wurden. Die Boutique wurde kurz nach Abschluss des Shootings, bezeichnenderweise am

1. Mai 1971, von der militanten, linksextremen Angry Brigade bombardiert. Viele dieser Key Visuals wie Aladin Sanes Tränen und Blitze sowie Bowies galaktische Kostüme und anderer Fummel sind in die Musikgeschichte eingegangen. Und waren oft von bildenden Künstlern wie Erich Heckel bis Damien Hirst inspiriert.

In einem Interview mit dem Rolling Stone im Jahr 1993 blickt Bowie auf die Entstehung des Charakters zurück: »Die Idee war, einen Look irgendwo zwischen der Malcolm McDowell-Sache mit der Wimperntusche und den Insekten zu erzielen. Es war die Ära der ›Wild Boys‹ von William S. Burroughs. [Es] war eine Kreuzung zwischen diesem und ›Clockwork Orange‹, die wirklich begann, die Form und das Aussehen dessen zusammenzustellen, was aus Ziggy und den Spiders werden sollte.« Ziggy lebt in einer Welt, in der die ältere Generation jeglichen Kontakt zu den Jungen verloren hat. Diese sind auf sich allein gestellt und plündern, was das Zeug hält. Ohne Strom kann Ziggy keine Musik machen. Ziggys Berater empfiehlt ihm, Nachrichten zu singen, weil es sonst keine mehr gibt. Das tut er auch, aber alle Nachrichten sind katastrophal. Das Ende kommt mit der Ankunft der Infinites. »Hey man, droogie, don't crash here!« schreit Bowie in »Suffragette City«, einem Punkrock-Hammer, der auch von den Stooges oder einer anderen Straßengang stammen könnte.

Bowie eröffnete in der Folge seine Konzerte mit einer Aufnahme von Beethovens Symphonie Nr. 9, eine weitere Anspielung auf Alex, der das Stück in einer der markantesten Szenen des Films als »Glück und Himmel« bezeichnet. »Die Augenklappe, die Stiefel«, so Bowie, »kupferten wir von Kubricks gewalttätiger Vorlage ab. Dazu suchten wir in London die knalligsten Stoffe für unsere Kostüme und nahmen dadurch der Gewalttätigkeit ihre Ernsthaftigkeit.«

Als David Bowie Anfang Januar 2015 mit Toni Visconti im Studio war, um sein Album »Blackstar« aufzunehmen, experimentierte er mit verschiedenen Wörtern. Bowie baute sich sein eigenes Nadsat: »Cheena so sound, so titty up this malchick, say/ Party up mood, naddy vellocet round on Tuesday/ Real bad dizzy snatch making all the homies mad, Thursday/ Popo blind to the polly in the hole by Friday.«

»Die ganze Idee«, erinnert sich Bowie 1993, »dieses gefälschte Ding zu haben – eine nachgemachte Anthony Burgess-Russisch-Sprache, die russische Wörter aufgriff und sie in die englische Sprache übersetzte und alte Shakespeare-Wörter verdrehte – diese Art von falscher Sprache ... ich versuchte, diese falsche Welt oder diese Welt zu erschaffen, die noch nicht passiert war. Es war, als würde man versuchen, eine Gesellschaft vorwegzunehmen, die noch nicht stattgefunden hat.«

Bowie war zeitlebens ein begeisterter Leser: »Ich lese dauernd und habe immer ein Buch dabei. Was meine Büchersammlung angeht, bin ich sehr eigen. Bücher sind mir das Wichtigste. Wenn ich entspannt bin, lese ich.« Auf die Frage der Vanity Fair, was seiner Vorstellung perfekten Glücks am nächsten komme, antwortete er knapp: »Lesen.« Für Reisen und längere Aufenthalte ließ er sich eine mobile Bibliothek konstruieren, die eintausendfünfhundert Bücher aufnehmen konnte, »eine große Kiste, die gebaut war wie solche Kisten für Gitarrenverstärker« (John O'Connell). »A Clockwork

Orange« von Anthony Burgess führt die Liste seiner Lieblingsbücher an, die John O'Connell als »Bowies Bücher« 2020 veröffentlicht und kommentiert hat.

»Ich bin es, der zitiert, ich bin der Schwamm, der aufsaugt, ich bin der Hirte meiner selbst.« David Bowie

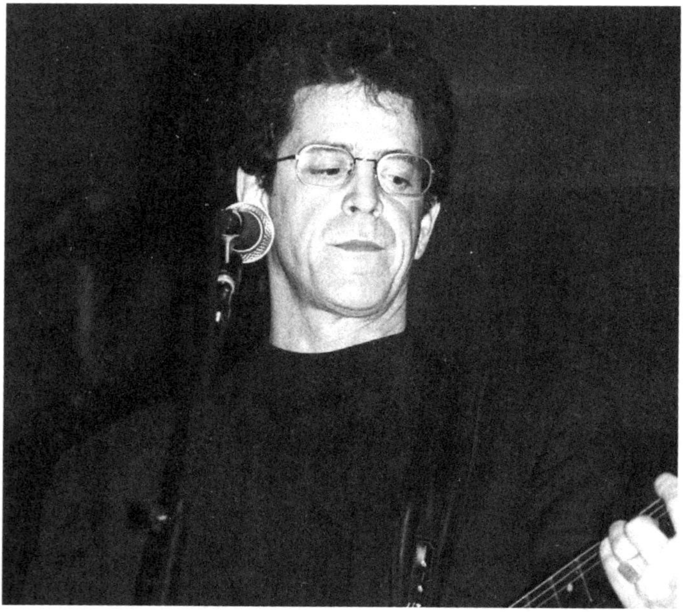

# Lulu: Reloaded

*Lou Reed / Metallica und Frank Wedekind*

An Frank Wedekind selbst war Lou Reed (1942–2013) vermutlich nicht sonderlich interessiert, als er sein Lulu-Projekt in Angriff nahm.

Im Schlusswort von Wedekinds Hochstapler-Komödie »Der Marquis von Keith« (1900) heißt es: »Das Leben ist eine Rutschbahn.« Ähnlich turbulent und fast nur nach unten ist das kurze Leben des 1864 in Hannover als amerikanischer Staatsbürger geborenen Dramatikers zu beschreiben. Wedekinds Vater war als Revolutionär von 1848 und Bismarck-Gegner in die USA ausgewandert und hatte dort durch Grundstücksspekulationen ein Vermögen gemacht. 1864 kehrte die Familie nach Deutschland zurück, wo sie bis zu ihrer Übersiedlung 1872 in die Schweiz wohnte. Dort ging der junge Frank in die Schule und begann 1884 ein literaturwissenschaftliches Studium an der Universität Lausanne, bevor er kurz darauf nach München wechselte. Es begann ein wechselhaftes Leben, in dem Wedekind nach einem abgebrochenen Jura-Studium Reklamechef von Maggi und Sekretär eines Zirkus wurde. Wedekind verpulverte sein beträchtliches Erbe in der Schwabinger und Pariser Boheme und kehrte nach weiteren Aufenthalten in der Schweiz, London und Berlin nach München zurück, wo er die Satirezeitschrift Simplicissimus mitbegründete. Dort sollte er wegen Majestätsbeleidigung verhaftet werden, floh nach Paris, saß aber im Winter 1899 doch die Festungshaft ab. Er lebte fortan in München, sang im Kabarett Die elf Scharfrichter seine provokanten Chansons und spielte nicht selten selbst die Hauptrollen seiner bis 1918 offiziell verbotenen Theaterstücke. 1918 starb er an den Folgen einer Blinddarmentzündung.

Frank Wedekind war ein zerrissener Mensch, trug ein spätromantisch erhöhtes Bild vom Künstler in sich, war eine eigenwillige und labile Seele und ein Moralist, der sich gegen eine bürgerliche Fassade empörte, hinter der sich Heuchelei und Geldgier, Prüderie und Dummheit verbargen. Bei der Erstaufführung seines »Erdgeists« (1898) im Leipziger Kristallpalast sprach er im zinnoberroten Frack eines Dompteurs, die Peitsche in der Hand und unter Paukenschlägen vor den Vorhang tretend, diesen Prolog:

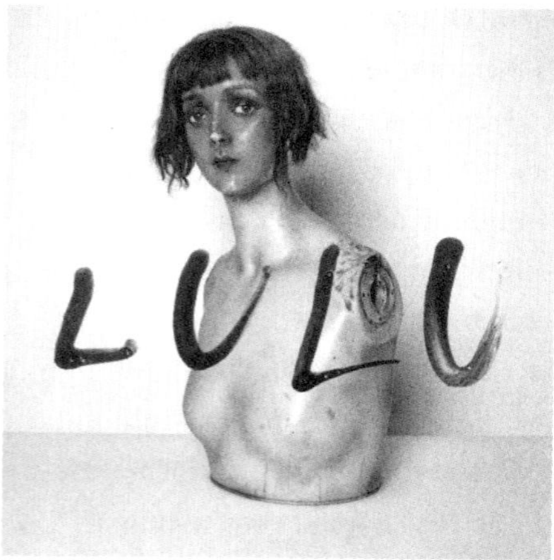


»Hereinspaziert in die Menagerie,/ Ihr stolzen Herrn, ihr lebenslust'gen Frauen,/ Mit heißer Wollust und mit kaltem Grauen/ Die unbeseelte Kreatur zu schauen,/ Gebändigt durch das menschliche Genie.// Das wahre Tier, das wilde, schöne Tier,/ Das – meine Damen; – sehn Sie nur bei mir.«

Der »Erdgeist« (1898) und »Die Büchse der Pandora« (1903) bilden zusammen die »Lulu«-Tragödie. Gezeigt wird der gesellschaftliche Aufstieg von Lulu, einem weiblichen Pierrot, einem Findelkind nach dem Vorbild von Goethes Mignon. Die freizügige Erotik der Titelfigur sorgte für einen Skandal beim wilhelminischen Bürgertum, weil es sich in einigen Figuren des Stücks wiedererkannte. Die Männerwelt im Stück versucht, Macht über

Lulu auszuüben, die außerhalb dieser Scheinmoral steht und ihre Freiheit auslebt. Auch wenn sie am Ende missbraucht in der Gosse endet und ermordet wird, entzieht sie sich dem Zugriff einer Welt, die sie zu instrumentalisieren versucht hat.

Die wilde Seite des Lebens kannte auch Lou Reed. Lewis Allan Reed, Sohn einer jüdischen Familie aus Long Island, begegnete in New York Menschen, die er zu (Anti-)Helden seiner Songs machte: Holly aus Miami, die im Schutz der Nacht zur Frau wird; Candy, die es in den Hinterzimmern mit allen treibt; Little Joe, der kleine Zuhälter: »Hey babe, take a walk on the wild side.« Es geht um zwei Transvestiten, Holly Vincent und Candy Darling, die nach New York gehen, um dort ein Leben führen zu können, das ihnen in der Provinz verwehrt bleibt.

Lou Reed liebte das Rollenspiel, das Uneindeutige, und kultivierte darin eine misanthropische Radikalität. Sein Genre war die Rock-'n'-Roll-Travestie. Wie David Bowie inszenierte er sich als sexueller Grenzgänger, benahm sich bereits als Jugendlicher »tuntig« und wurde von seinen Eltern in Therapie geschickt, wo er angeblich mit Elektroschocks behandelt wurde. Deshalb, so Reed einmal lakonisch, mag er Rock 'n' Roll, weil der auch elektrifiziert ist. Leider blieb aufgrund dieser Therapie seine linke Gesichtshälfte gelähmt, was zu seiner versteinerte Miene beitrug. Seine Eltern wollten hingegen einen richtigen Jungen, der später einmal Rechtsanwalt oder Arzt würde. Sie zogen aus der Stadt in die Vorstadt, die Reed gehasst hat. Er rebellierte, legte sich eine Gitarre zu und ein Motorrad und gründete Velvet Underground.

Reed war immer Avantgarde. Mit Nico, der Sängerin aus Köln, erfand er die Femme fatale des Rock 'n' Roll. Lulu ist nur eine weitere Variante, die ihn faszinierte: »Ich hatte eine Weile daran gearbeitet. Frank Wedekind hat es auch beim ersten Mal nicht richtig hinbekommen, also versuchte er es noch einmal. In Berlin sagten sie mir, dass vierzehn Versionen dieses Stücks mit unterschiedlichen Schwerpunkten im Umlauf waren. Lulu ist die große Femme Fatale. Sie wurde als unmoralisch konzipiert. Schockierend für die Bourgeoisie dieser Zeit, weshalb es wohl auch der Grund dafür ist, dass es geschrieben wurde. Und dann habe ich Hand angelegt und mit Laurie Anderson gemeinsam versucht, einen Sinn daraus zu machen. Es war zuerst fast unmöglich. Wir mussten herausfinden, wer Lulu war, ihr Seelenleben. Wir mussten sie zum Leben erwecken.«

Ursprünglich hatte Reed die ersten Versionen seiner Songs für Robert Wilsons Inszenierung 2011 am Berliner Ensemble geschrieben, die mit Angela Winkler eine unerwartete Besetzung für die Hauptrolle präsentierte. Aber die Liebe hat bekanntlich viele Gesichter, auch wenn sie marionettenhaft grinsen wie in diesem Stück. In Reeds Bearbeitung des Lulu-Stoffs geht es um Eifersucht, Lust, Gewalt und Rache.

»Sex und Tod sind die einzigen Dinge, die erwachsene Menschen noch ernsthaft interessieren können«, behauptet auch William Butler Yeats, der auf der Band-Website von Metallica zitiert wird. Die Rocker von Metallica sind Reed Kollaborateure in diesem Projekt und, wenn man den Interviews Glauben schenken darf, auch seine Brüder im Geiste. Ursprünglich angeheuert, um alte Reed-Klassiker zu metallisieren, entwickelte sich im Laufe der Vorbereitungen zu dieser Elefantenhochzeit die Idee zu diesem Projekt. Der gemeinsame Trip in die Berliner Expressionistenhölle der Jahrhundertwende schien den Rockern

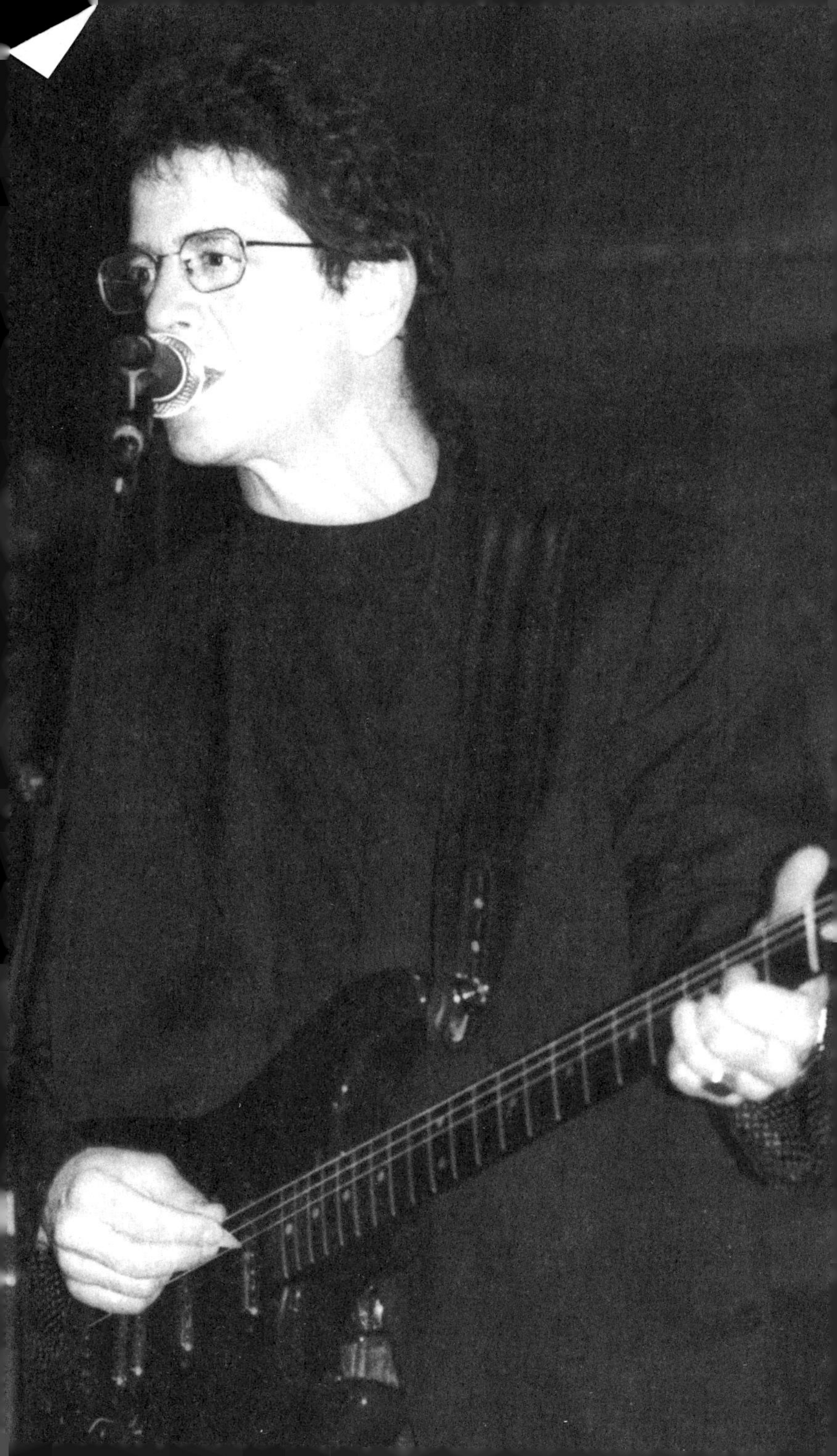

sympathisch, weil sie ihre eigenen Ideen und Talente in die gemeinsame Studioarbeit einbringen konnten. Viel Improvisation war angeblich im Spiel, Lulu bekam den Klang-Körper, für den Reed den Kopf gebastelt hatte. Blutrünstig und grell wurde das Spektakel rund um das sinnenfrohe, emanzipierte Mädchen, martialisch und aggressiv, also durchaus passend zu Reeds abgründigen Texten. »Es war egal«, so Reed über seine Mitstreiter, »ob sie das Stück kennen. Es war mir sogar lieber, dass sie es nicht kennen, so konnten die Texte viel besser auf sie wirken. Die Lieder hatten einen Kopf und einen Schwanz, was fehlte, war der Körper.«

Zu Reeds sadomasochistischen Horrorbildern addiert sich das musikalische Inferno. Im Song »Frustration« heißt es: »Ich kotze dir meine Eingeweide vor die Füße, du bist mehr Mann als ich. Ich will dir so sehr weh tun, heirate mich!« Angst, Hass und Gier wabern durch die Songs, verstörend und manchmal auch licht und schön, jede Regung scheint triebgesteuert und dekadent. Wedekinds Stück bleibt auch in Reeds Adaption eine Monstertragödie; der Versuch, Lulu bürgerlich (was immer das damals und heute heißen mag) zu domestizieren, scheitert. Eros und Thanatos, Begierde und Verderben, die Schock-Tragödie inmitten eines kalten Berlins, mit vielen Tempowechseln und unterschiedlichen Blickwinkeln, anstrengend und am Rande des Hörbaren.

Reed fand Lulu als Projektion von Obsessionen einfach aufregend. In Interviews sprach er davon, von dieser Figur geradezu besessen zu sein. Er hatte sich tief in diesen Charakter der heiligen Hure versenkt und seine Punk-Attitüde mit der des Satirikers und Moralisten Wedekind verschmolzen. »The wild beautful animal«, wie Reed Lulu nannte, hatte den Siebzigjährigen, obwohl er schon krank war, nochmals herausgefordert, vielleicht an seine frühen Jahre mit Warhol und der Szene damals in New York erinnert. »Brandenburg Gate« eröffnet das 2011 erschienene Album mit den Worten: »I would cut my legs and tits off when I think of Boris Karloff and Kinski in the dark of the moon. It made me dream of Nosferatu, trapped on the isle of Doctor Moreau. Oh, wouldn't it be lovely. I was thinking Peter Lorre when things got pretty gory as I crossed to the Brandenburg Gate.«

Er hätte bereits Morddrohungen von Metallica-Fans erhalten, scherzte Reed in Interviews zum Erscheinen des Albums. Die Platte beschließt Lou Reed mit einem fröhlichen »The dream is over. Get the coffee. Turn the light on. Say hello«. Nach Lou Reeds Tod soll David Bowie gesagt haben, dass »Lulu« seiner Meinung nach Reeds beste Soloplatte sei und dass das Publikum noch etwas Zeit brauche, um das zu erkennen.

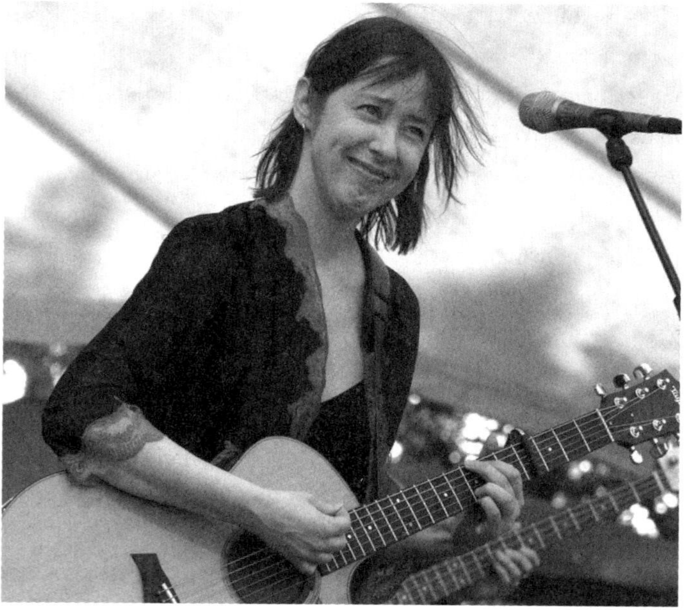

# Bad Girls

*Suzanne Vega und Carson McCullers*

Die fragile Figur, das schmale Gesicht mit den blauen Augen, der fransige Ponyschnitt – die Ähnlichkeit ist unübersehbar. Und wenn Suzanne Vega dann noch mit Nadelstreifenhose, Sakko und Zigarette auf dem Cover posiert, ist der Anklang an die androgyne Erscheinung der jungen Carson McCullers (1917–1967) vollends sichtbar. Dass Vega von sich sagt, der Umgang mit ihr sei nicht immer angenehm, dürfte ihre Seelenverwandtschaft mit der Südstaaten-Autorin noch erklärbarer machen. Vega hat McCullers als »genial, witzig, drollig, mitfühlend, zickig, bedürftig, aber nie erbärmlich« beschrieben, offenbar Grund genug, in die Rolle dieser Frau zu schlüpfen und sie mit einem Theaterstück und einem Album zu würdigen.

Die Bewunderung für McCullers und ihre Texte begann schon als Jugendliche, als Vega ihre Kurzgeschichte »Sucker« (1963) über die Freundschaft zweier Jungs las (und nicht dachte, dass die Geschichte von einer Frau geschrieben worden war), die McCullers bereits als Siebzehnjährige verfasst hatte. Im Theaterkurs ihres Colleges verkörperte Vega mit entsprechender Kostümierung Carson McCullers, begann ein Stück über sie zu schreiben, las ihre Biografie und später alle ihre Romane und Erzählungen. »Es war eine befreiende Erfahrung, sich mit einer Frau zu beschäftigen, die Alkohol trank, rauchte, Affären hatte und skandalöse Geschichten erzählte«, so Vega. »In ihrem Körper war sie keineswegs frei, dafür aber in ihrem Geist. Sie nahm sich das Recht heraus, ein ›bad girl‹ zu sein. Man hielt sie rundum für verrückt – das war sie wohl auch ein bisschen, aber nicht halb so verrückt, wie man glaubte.«

Carson McCullers, 1917 in Columbus, Georgia, geboren, war eine Einzelgängerin auf der meist unerwiderten Suche nach

Liebe. Groß und dünn, wirkte sie mit ihrem Kindergesicht mehr wie ein schüchterner Junge. Eine Außenseiterin mit dem dringenden Wunsch, irgendwo dazuzugehören. So wie Frankie, die zwölfjährige Hauptfigur in ihrem vielleicht besten Roman, »The Member of the Wedding« (dt. »Frankie«, 1946). Und doch in dem Bewusstsein, anders zu sein. Ursprünglich wollte sie Pianistin werden, doch Carson verwarf den Plan. Schon früh fing sie an zu schreiben. Die Literatur wurde ihre große Leidenschaft, sie verschlang die Klassiker von Faulkner bis Dostojewski und übertrug die eigene Musikalität und Sensibilität in ihre Texte. Schon als Kind war sie kränklich und litt an rheumatischem Fieber, das falsch behandelt wurde und sie zeitlebens schwächen sollte. Trotzdem hatte sie klare Vorstellungen von ihrer Zukunft. Sie wollte unbedingt nach New York und ein Star in der Literaturszene werden. Um ihr das zu ermöglichen, verkaufte die Familie ein Erbstück. Für die siebzehnjährige Carson McCullers erfüllte sich ihr Lebenstraum. Auch wenn sie anfangs ihr Geld verlor, in einem Bordell landete und einen Mann, Reeves McCullers, heiratete. Nichts konnte sie aufhalten.

Mit zweiundzwanzig Jahren veröffentliche sie ihren Debütroman mit dem sprechenden Titel »Das Herz ist ein einsamer Jäger« und sorgte damit für eine literarische Sensation. Für die Presse avancierte sie zum Wunderkind der literarischen Boheme New Yorks. Sie freundete sich mit Tennessee Williams und Ernest Hemingway an, bewirtete in ihrem Haus Arthur Miller, Marilyn Monroe und Tania Blixen und trieb sich mit ihrem Südstaaten-Kollegen Truman Capote auf Partys herum. Eine sehr emotionale Frau, anhänglich und widerborstig zugleich, nach eigenem Bekunden bisexuell, einsam und liebes-

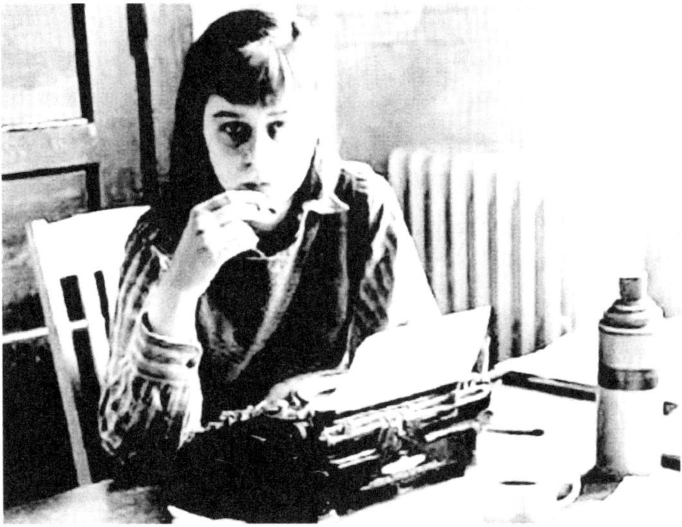

Carson McCullers

bedürftig, egoman und kindlich, immer wieder von starken Schmerzen geplagt und suchtgefährdet, mit dreißig hatte sie bereits drei Schlaganfälle erlitten, mit einunddreißig war sie halbseitig gelähmt.

Ihre Ehe mit Reeves, die zweimal geschlossen wurde, war ein einziges Fiasko. Carson entzog sich ihm, der 1953 Selbstmord beging, indem sie eine Wohngemeinschaft mit anderen nicht minder exzentrischen Künstlern und Intellektuellen in Brooklyn Heights gründete, das February House. Zu ihren Mitbewohnern zählten unter anderem der Lyriker W. H. Auden, der Komponist Benjamin Britten, Paul und Jane Bowles, Lotte Lenya und Kurt Weill, die Tänzerin Gypsy Rose Lee. Erika und Klaus Mann waren häufig zu Gast, auch die Schweizer Autorin Annemarie Schwarzenbach, in die sich McCullers verliebt hatte. Eine »queer commune«, wie man heute sagen würde, in die auch der schwarze Schriftsteller Richard Wright einzog, der McCullers verehrte, weil sie den Rassismus der Südstaaten zu einem ihrer Themen gemacht hatte. Es war ein turbulentes Leben mit vielen Extravaganzen und Abstürzen, das im September 1967 für Carson McCullers mit einem erneuten Schlaganfall im Alter von nur fünfzig Jahren ein jähes Ende fand.

Suzanne Vega ist New Yorkerin durch und durch. Sie verehrt Lou Reed als den genauen Beobachter des Stadtlebens, bezeichnet sich als glücklich heterosexuell und als Nicht-Raucherin, und hat Tanz und Literatur studiert, bevor sie in die Folkszene New Yorks einstieg und in den 80ern ihren großen Durchbruch mit Hits wie »Marlene on the Wall«, »Luka« und »Tom's Diner« hatte. Auf den ersten Blick sind das wenige Gemeinsamkeiten mit Carson McCullers.

Und doch gibt es gute Gründe, warum sie ihr neuntes Studioalbum mit dem Titel »Lover, Beloved: Songs from an Evening with Carson McCullers« (2016) als Hommage an die Schriftstellerin und Rebellin mit den vielen Gesichtern konzipiert hat. Suzanne Vega hatte 2011 ihr Stück über Carson McCullers mit Unterstützung der Regisseurin Kay Matschullat in einem New Yorker Theater aufgeführt, mit Honky Tonk-Piano, Südstaatenflair und vielen Dixie-jazzigen und bluesigen Tönen, getragen von Piano, Gitarre, Snare Drum und ordentlich Gebläse; die zehn Songs auf dem Album bringen es auf eine halbe Stunde Spielzeit. Sie beziehen sich entweder auf die Lebensgeschichte von Carson McCullers selbst oder aber auf Szenen und Charaktere aus dem literarischen Werk der Autorin. Der Song »We of Me« zum Beispiel lehnt sich an den Roman »The Member of the Wedding« (1946) an und wird aus der Perspektive der jungen Protagonistin gesungen, die mit ihrem Bruder und seiner Braut ein perfektes Trio bilden möchte.

»Ich finde«, so Vega, »dass McCullers Ideen und Gedanken sehr modern sind und sie verkörpert sie auf eine Weise, wie es anderen Autoren nicht gelingt. Sie hat versucht, sie zu leben, und sie hat den Preis dafür gezahlt. Sie hat sich selbst als *transgender* betrachtet – sie sagte Dinge wie ›Ich wurde als Mann geboren‹ – und sie war wahrscheinlich bisexuell, auch wenn sie nicht immer entsprechend gelebt hat. Sie war eine der ersten Frauen, die über Bürgerrechte und die Kämpfe der Farbigen

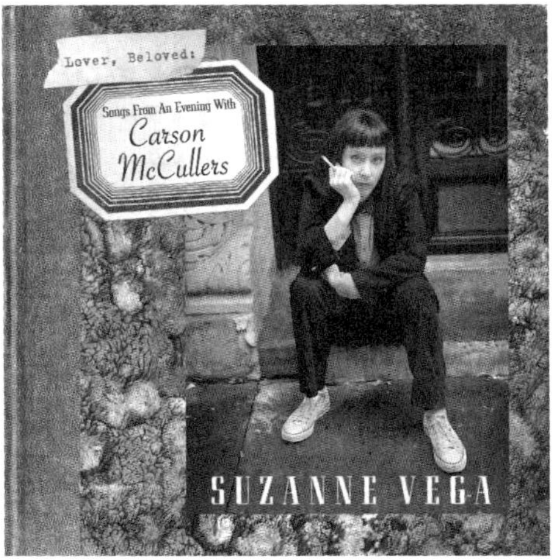


in den Südstaaten geschrieben hat. Außerdem hatte sie mehrere Schlaganfälle und war die zweite Hälfte ihres Lebens praktisch behindert. Um die Ausdrucksweise von heute zu verwenden: Ihr Leben und ihre Arbeit beschäftigten sich auf so ziemlich jedem Level mit Menschenrechten – in Bezug auf Rasse, Geschlecht, Transgender, Homosexualität, Behinderung und Jugend.«

Suzanne Vega wuchs im Latino-Viertel East Harlem in New York auf. Bis zu ihrem neunten Lebensjahr kannte sie ihren wirklichen Vater nicht. Ihr Stiefvater war der puertoricanische

Schriftsteller Ed Vega, er hatte die Vaterrolle übernommen. Für sie war die Wahrheit ein großer Schock, der ihr Leben erschütterte. Sie, die in einer puertoricanischen Familie aufgewachsen war mit allen sozialen und kulturellen Bindungen, galt plötzlich als Weiße. Als junge Frau haderte sie lange mit ihrer »neuen« ethnischen Identität, bis sie sie akzeptieren konnte. Ihren leiblichen Vater traf sie erst, als sie Ende zwanzig war. Seitdem kann sie die Probleme von Außenseitern besser verstehen. Mittlerweile ist sie verheiratet und hat eine Tochter, also ein stabiles Privatleben, was man von McCullers nicht behaupten konnte. Aber sie hätte aus Vegas Nachbarschaft stammen können, und zudem gab es auch in Vegas Leben eine Phase, in der sie sich nicht weiblich fühlte und etwas anderes sein wollte. Nicht unbedingt ein Mann, vielleicht eher ein Ding oder eine Pflanze. Aber sie hat Verständnis für die Bisexualität McCullers und bewundert, wie offen und selbstverständlich diese Frau vom Lande damit umging. Ihre »duale Natur« nannte das Carson McCullers.

Vega mag ganz offenbar den Kampfgeist ihrer Seelenfreundin, die sich auch nicht von ihrem betrügerischen Ehemann aus der Bahn werfen ließ, als er versuchte, sie um ihre Arbeit und um ihr Geld zu bringen. Reeves hatte Gerüchte lanciert, wonach er der eigentliche Verfasser ihrer Romane und Erzählungen wäre. Vega kennt diese Situation, seit ihr erster Ehemann eines ihrer Alben produziert hat und für ihren neuen Musikstil verantwortlich gewesen sein soll. Als ob sie von ihm und seinem Geschmack abhängig gewesen wäre!

McCullers war extrem ehrgeizig und konkurrierte ständig mit anderen Autoren. Vega macht sich in einem Song mit dem Titel »Harper Lee« über McCullers lustig:

»Virginia Woolf/ She leaves me cold/ I recognize the genius/ But I'm twice as bold// I have more to say/ Than Hemingway/ Lord knows, compared to Faulkner,/ I say it in a better way.« Und im Refrain heißt es: »Oh, Harper. Harper./ Lee. Lee. Lee./ She only wrote that one book!/ I've written more than three.«

Auch Vega gibt zu, eine eifersüchtige Frau gewesen zu sein, die anderen Künstlern ihren Erfolg durchaus neiden konnte. Mittlerweile hat sie das aber überwunden und zeigt sich gelassener.

»In den letzten fünf Jahren«, so Vega, »hat sich so viel verändert. Die Tatsache, dass Homosexuelle jetzt heiraten können, ist ein erstaunlicher Schritt nach vorne. Und dass wir leider Black Lives Matter haben müssen – dies wäre schockierend für sie gewesen. Sie schrieb sehr früh in ihrer Karriere über Polizeibrutalität. Die Dinge, an die sie dachte und die sie verkörperte, sind sehr aktuell. Ich denke, es gibt eine ganze Generation von Menschen, die in ihr eine verwandte Seele finden könnten.«

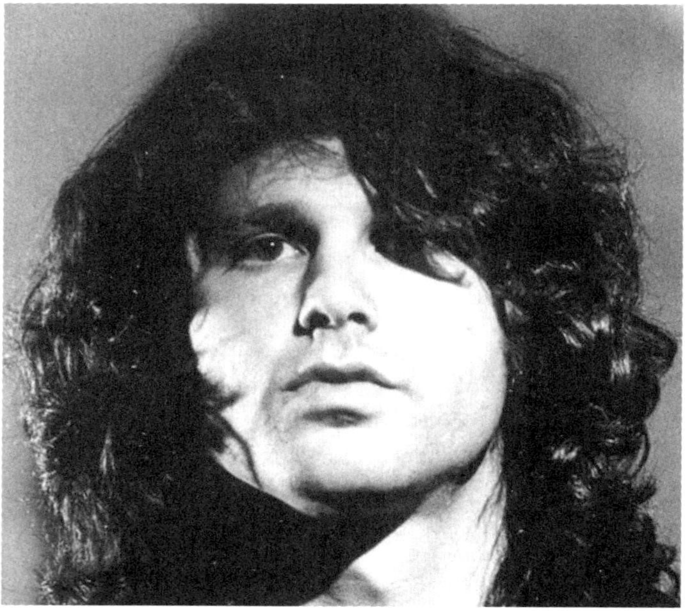

# Prinzen der Dunkelheit

*Jim Morrison und William Blake*

Er hatte den Anspruch, Neuland zu betreten. Und von Anfang an eine klare Vorstellung von dem Selbstbild, das er schaffen wollte: »Als ich in die Musik einstieg, lag mir viel daran, mir einen Platz in dieser Welt zu sichern, ich benutzte die Mechanismen und wusste instinktiv, wie man das macht.« James Douglas Morrison war ein cleverer, ehrgeiziger Junge aus gutem Hause, der gezielt und so erfolgreich an seiner eigenen Legende bastelte, dass er die letzten Jahre seines Lebens damit zubrachte, ihr zu entkommen. Morrison war stets gut darin, mit ein paar griffigen Sprüchen die Medien zu locken und zu reizen. Er wusste, worauf die Leute standen. Also ließ er diese kleinen Juwelen hie und da fallen, natürlich nichts als Signale. »Ich halte mich für ein intelligentes, sensibles menschliches Wesen mit der Seele eines Clowns, die mich andauernd zwingt, in den wichtigsten Augenblicken alles zu versauen.« Jim Morrison war groß und schlank, sah ganz unschuldig aus und lächelte selten. Wenn man sein Foto betrachtet, könnte man meinen, er sei freundlich gewesen, vielleicht ein bisschen melancholisch. Ein netter Mensch. Der Eindruck täuscht.

In den 60ern zog ein kulturelles Erdbeben einen gewaltigen Riss durch die Gesellschaft. Die Jugend wandte sich gegen die Autoritäten, das Establishment, den Vietnamkrieg. Es entstand eine Bewegung, die für die Rechte aller Bürger eintrat und die Rassentrennung zu überwinden suchte. Eine ganze Generation protestierte. Ein seltener Moment in der Geschichte: politisch, hedonistisch, spirituell. Der Summer of Love. Das Establishment wehrte sich, es entstand eine Gegenkultur, heraus trat die Band The Doors. »Die Welt, die wir uns vorstellen«, so Jim Morrison, »ist ein neuer Wilder Westen. Eine sinnliche, böse Welt. Seltsam und quälend.«

Sie waren eine düstere Band, die Doors, sie passten nicht zu Surf-Musik, Flower Power, »Happy Together« und »Somebody to love«. Die amerikanische Schriftstellerin Joan Didion besuchte die Band bei den Aufnahmen zu ihrem dritten Album: »Die Doors sind anders. Die Doors interessieren mich. Sie haben nichts mit den liebenswürdigen Beatles gemeinsam. Ihnen fehlt das derzeitige Bewusstsein, dass Liebe gleich Brüderlichkeit und das Kamasutra ist. Ihre Musik beharrt darauf, dass Liebe gleich Sex ist und Sex gleich Tod und darin liegt die Erlösung. Die Doors sind die Norman-Mailers der Top 40, Missionare des apokalyptischen Sex.«

Venice Beach wurde zum Ausgangspunkt einer intensiven Reise. Jim Morrison traf dort seinen ehemaligen Kommilitonen Ray Manzarek und erzählte ihm von seinen Gedichten. Dieser war schwer beeindruckt und schlug ihm vor, eine Band zu gründen. »Wir kannten Muddy Waters«, so Manzarek. »Wir kannten Howlin' Wolf, John Coltrane und Miles Davis. Außerdem Jan und Dean und die Beach Boys, den Surfsound. Robby Krieger bringt etwas Flamenco-Gitarre rein. Ich bringe neben Blues und Jazz ein bisschen klassische Musik mit, und natürlich stand John Densmore total auf Jazz. Jim bringt die Lyrik von Beatniks und französischem Symbolismus mit rein, und das ist sie dann, die eigentümliche Mischung der Doors, als die Sonne im Pazifischen Ozean versinkt, ganz am Ende, am Endpunkt der westlichen Zivilisation. Das ist ihr Ende. Die westliche Zivilisation endet hier in Kalifornien am Venice Beach, und hier standen wir und erfanden eine neue Welt aus uns und psychedelischen Drogen.«

Anfangs wollte Morrison nicht Mitglied einer Band sein. Lieber wollte er Filme machen, Stücke schreiben, Bücher. Als er in die Band kam, versuchte er, einige dieser Ideen einzubringen. Er hoffte auf die Möglichkeit, seine Texte mit bass- und blueslastigen Klängen, indianischen Trommeln, Räucherwerk und multimedialen Elementen wie Filmprojektionen in Szene setzen zu können. Es entstand eine irre Performance, wie das Publikum sie so noch nie gesehen hatte. Die Band war ganz in Schwarz gekleidet, Morrison trat auf wie ein dunkler Engel. The Doors waren – zumindest äußerlich – die Vorboten des Gothic Rock. Eine perfekte Inszenierung.

Als sie 1966 im London Fog, einem schäbigen Nachtclub in L.A., erstmals eine Bühne betraten, sang Morrison immer wieder mit dem Rücken zum Publikum. Er war noch unerfahren, ohne musikalische Ausbildung. Trotzdem spürte man damals schon, wenn man den Aussagen von Zeitzeugen Glauben schenken darf, unverkennbar eine Energie, eine dunkle, überwältigende Kraft. Trotz seines harmlosen Aussehens ging etwas Unheimliches und Beunruhigendes von ihm aus – sexy, aber geheimnisvoll und bedrohlich. Ein schwarzer Romantiker, agitatorisch, elegisch.

Morrison sah aus wie ein junger Medici oder wie Michelangelos David mit muskulösem Hals und engelsgleichen Locken, die er nie kämmte. Er posierte mit einer unter der Lederhose sichtbaren Erektion, zeigte seinen nackten Oberkörper und versetzte Mädchen und auch Männer in sexuelle Begeisterung: »Ein der Brandung entstiegener Dionysos, ein Hippie-Adonis«, schrieb Albert Goldman, Professor an der Columbia-Universität. Der Mann war ein Ereignis. Seit James Dean tot und Marlon Brando dick geworden war, hatte es kein größeres männliches Sexsymbol mehr gegeben.

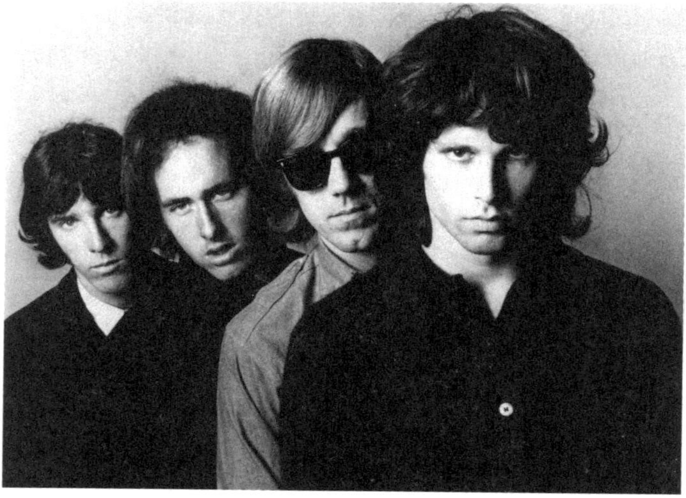

Morrison wollte, dass die Band eine geheimnisvolle Aura umgab. Als Studenten interessierten sich Manzarek und er für die Filme der Nouvelle Vague und hörten Vorlesungen beim berühmten Regisseur Josef von Sternburg. »Ich würde behaupten«, so Manzarek später, »dass von Sternburg teilweise für die dunkle und geheimnisvolle Seite der Doors verantwortlich war. Dann kamen auch noch die Rolling Stones aus England. Waren total durchgeknallt. Die Rolling Stones haben uns einfach umgehauen.«

Doch Morrison blieb verspielt, selbstironisch, und hatte kein erkennbares Interesse daran, seine Rolle genauer zu definieren. Er folgte den eigenen Phantasien, ließ das Unterbewusste ausagieren. In seinem Körper wohne der Geist eines Indianers, der am Rande eines Highways in New Mexico gestorben war. Eine prägende Erfahrung, die Morrison als Fünfjähriger gemacht hatte und von der er zeitlebens immer wieder sprach.

Jim Morrison, am 8. Dezember 1943 in der Nähe von Cape Kennedy geboren, war ein frühreifes Kind, das Produkt einer militärischen Erziehung. Sein Vater, ein hochrangiger Armeesoldat, erzog ihn streng und ohne Wärme. Die Familie musste oft umziehen, der Vater war selten da, Einsamkeit wurde das zentrale Motiv in Morrisons Leben und Schaffen. Er verbrachte viel Zeit allein mit Bleistift und Papier, füllte zahllose Notizbücher mit seinen Ideen und Tagträumen. Als Halbwüchsiger bewohnte er einen separaten Teil des Hauses, der eigene Kühlschrank war stets mit Bier und Wein gefüllt. Er malte, häufig Selbstporträts, und schrieb Gedichte, die zum Teil später zu Songs der Doors wurden.

Um sein Sprachempfinden zu schulen, schenkte sein Vater ihm bei seinen seltenen Besuchen häufig Bücher. Früh begriff Morrison Sprache als mächtiges Werkzeug, unter anderem um sich gegen missliebige Autoritäten aufzulehnen. Im Alter von zwölf Jahren verfasste er seine ersten, zum Teil aggressiv satirischen Gedichte, die er »Radio Essays« nannte.

Er las alle Dichter der Beatgeneration, so Jack Kerouacs Schlüsselroman »On the Road«, aber auch Werke der Schriftsteller Allen Ginsberg und Lawrence Ferlinghetti, dessen City Lights Bookstore Morrison 1958 in San Francisco nach der Lektüre Kerouacs mehrfach aufsuchte. Als Sechzehnjähriger kannte er die Werke von Honoré de Balzac, Charles Baudelaire, Jean Cocteau, James Joyce und Arthur Rimbaud, was selbst seine Lehrer verblüffte. Rimbaud war für Morrison »einer, der den Göttern das Feuer stahl und dafür bestraft werden würde«.

Dieser Arthur Rimbaud, der als Neunzehnjähriger bereits alle seine Gedichte geschrieben hatte, sich nach Nordafrika absetzte und zum Waffenschmuggler und Sklavenhändler wurde. 1968 schrieb Morrison an Wallace Fowlie, Französisch-Professor an der Duke University, und dankte ihm für dessen vollständige Übersetzung der Gedichte Rimbauds. Er brauche diese Übersetzung unbedingt, schrieb Morrison, »denn ich lese das Französische nicht sehr flüssig. Ich bin ein Rocksänger und ihr Buch ist stets in meinem Reisegepäck.« Vierzehn Jahre später brachte Wallace Fowlie seine Studie »Rimbaud und Jim Morrison« heraus, in der auf eindrückliche Weise die geradezu unheimliche Symmetrie beider Leben beschrieben wird. Fowlie charakterisiert Morrisons Dichtung als tiefgründige, suggestive und bildhafte Form, die – trotz erkennbarer Bezüge zu literarischen Vorbildern – die simple Nachahmung vermeidet. Ganz im Sinne T. S. Eliots: »Bad poets borrow, good poets steal.« Morrisons Gedichte seien oft surreal und symbolisch überhöht, sie enthüllten eine fremde Welt, die von Morrisons Kopfgeburten bevölkert werde. Die Existenz des modernen Menschen erscheint bizarr und unheimlich, ein Alptraum in Worten und Bildern.

Morrison setzte sich auch mit Friedrich Nietzsches »Geburt der Tragödie« auseinander. Nietzsche wurde für Jim Morrison eine Art geistiger Vater. Dabei faszinierte ihn vor allem Nietzsches provokante Haltung, die er sich aneignete. In seinem ersten Gedichtband »Die Herren und die neuen Geschöpfe« (1969) kann man den Einfluss von Nietzsches »Zarathustra« deutlich erkennen. Und natürlich war Morrison dem zugeneigt, was Nietzsche »dionysisch« nannte: dem Rausch, dem Traum, den Trieben. John Densmore allerdings behauptet in seiner

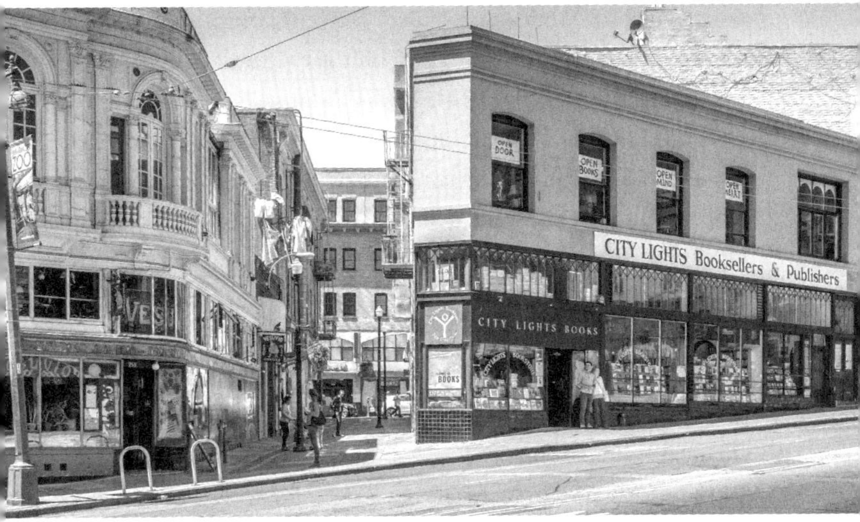

City Lights Bookstore, San Francisco

Autobiografie, Nietzsche habe Jim Morrison getötet. Denn Morrison hielt sich seiner Meinung nach für Superman, aber er sei nur der dionysische Verrückte gewesen, die Geburt der Tragödie selbst.

Eine weitere Anekdote, die sich um die Einflüsse auf Jim Morrison rankt, erzählt, dass Plutarchs Biografie von Alexander dem Großen Morrison so beeindruckt haben soll, dass er den renommierten Friseur Jay Sebring darum bat, seine Haare nach der Vorlage einer Alexander-Büste zu schneiden. So entstanden die berühmten Elektra-Pressefotos von Joel Brodsky. 1969 hat sich Morrison davon distanziert: »I must have been out of my mind posing for those pictures!«

Auch wenn sich Jim Morrison als Entertainer und Schnulzensänger sah, Sinatra mochte und Elvis imitieren konnte, mit einer weichen Stimme wie Chet Baker, bezeichnete ihn der englische Musikjournalist Nik Cohn als »den wildesten weißen Interpreten Amerikas seit Elvis«. Schon als Student war er provokant, oft betrunken, merkwürdig. Morrison wollte andere schockieren. Bei ihm wusste man nie, was passieren würde, erinnern sich Freunde aus dem Studententheater, das er an der Florida State University besuchte. Auch beim Filmstudium in L. A. fiel er mit seiner neurotischen, schrägen Entourage auf.

Auf eine briefliche Rüge seines Vaters hin, der seine beruflichen Pläne missbilligte, brach Morrison den Kontakt zum Elternhaus ab. Seiner Mutter verweigerte er noch im November 1967 bei einem Konzert eine direkte Begegnung. In der Folge musste Morrison aus finanziellen Gründen seine Studentenwohnung aufgeben. Der in seiner Kindheit durch ständige Umzüge entwurzelte UCLA-Absolvent sollte zeitlebens keine eigene Wohnung mehr besitzen. Im Frühjahr 1965 fand Morrison eine neue Bleibe bei einem vormaligen Kommilitonen auf dem Dach eines alten Bürogebäudes in Venice, verlor unter Drogeneinfluss erheblich an Körpergewicht und verfasste weitere Gedichte und Songtexte.

Die Einflüsse auf Morrisons literarisches Schaffen sind vielfältig: indianische, aztekische und ägyptische Chiffren, die Naturmystik eines William Blake, offene Formen der Beatniks, die Bildsprache der französischen Symbolisten und Theoreme amerikanischer Mythenforscher und Sozialanthropologen. Jim Morrison ist auch Autor des aphoristischen Lyrikbands »The Lords. Notes on Vision« (1969), der sich auf »ein romantisches Geschlecht von Menschen, die einen Weg gefunden haben, ihre Umwelt und ihr eigenes Leben zu kontrollieren«, und auf filmästhetische Fragen konzentriert. Sein zweiter Band »The New Creatures« (1969) greift im Titel ein Paulus-Zitat auf (2 Kor, 5,17). Beide Lyrikbände erschienen im April 1970 gemeinsam als Hardcover im renommierten New Yorker Verlag Simon & Schuster. Im selben Jahr ließ Morrison in einem Privatdruck bei Western Lithographers den Lyrikband »An American Prayer« drucken. Einzelne Gedichte wurden in diversen amerikanischen und britischen Zeitschriften wie 16 Spec, Circus, Disc, Eye, The Los Angeles Image, Rolling Stone abgedruckt. Morrison veröffentlichte 1970 »An American Prayer« in einer Auflage von fünfhundert Stück mit weinrotem Einband. Es wurde sein bekanntestes literarisches Werk. Die Themen des »Amerikanischen Gebets« bewegen sich zwischen dem Mythen- und Symbolbedürfnis des Menschen und autobiographischen und zeitpolitischen Anspielungen, etwa auf den Krieg in Vietnam und die Bürgerrechtsbewegung. Es formuliert Kritik an der Mediengesellschaft – insbesondere am Fernsehen als Ersatzleben. Es diagnostiziert die Angst vor dem Tod als Amerikas Neurose und zeigt Morrisons Auffassung von der religiösen Rolle des Dichters.

Zu öffentlichen Lesungen kam es kaum, weil Morrison es »ziemlich hart findet, etwas einfach so trocken vorzulesen«. Während seiner Collegezeit in St. Petersburg/Florida trug er 1961/62 erstmals im Contemporary-Café eigene Texte vor und begleitete sich selbst auf der Ukulele. Im Mai 1969 las der sichtlich nervöse Doors-Frontmann seine Lyrik sowohl in der Sacramento State College Gallery als Gast des Beat-Poeten Michael McClures vor als auch an zwei Abenden im Kino Cinematheque 16 in Los Angeles bei einer Benefiz-Veranstaltung des US-Schriftstellers Norman Mailer. Auch während eines Konzerts von Jimi Hendrix im The Village Gate in New York soll Morrison am 4. Mai 1970 eigene Texte vorgetragen haben.

Mehrfach zeichnete der Sänger eigene Lyrik in Tonstudios auf. Die erste Aufnahme von vierzig Gedichten entstand wohl am 8. Juni 1969 im Elektra-Sound-Recorders-Studio in Los Angeles und wurde auszugsweise 1978 auf der Lyrik-LP »An American Prayer« der Doors veröffentlicht. Eine zweite Studio-Session, die zweiundzwanzig teilweise unvollendete Texte Morrisons umfasst, wurde am 8. Dezember 1970 im Village-Recorders-Studio aufgezeichnet. Der Ruf Morrisons als amerikanischer »poète maudit« wurde durch die nach dem Tod des Sängers veröffentlichten Lyriksammlungen »Wilderness – The Lost Writings of Jim Morrison« (1988) und »The American Night« (1990) weiter gefestigt (zuvor auf Deutsch bereits »Ein Amerikanisches Gebet«, 1978, und »Far Arden«, 1985).

Sechs Jahre nach Morrisons Tod unterlegten die verbliebenen Doors-Mitglieder eine Auswahl hinterlassener Gedichtaufnahmen mit Musik, ergänzten sie um alte Doors-Livemitschnitte und eine Sequenz aus dem Morrison-Film »HWY« und veröffentlichten diese 1978 auf dem Spoken-Word-Album »An American Prayer«. Der Toningenieur Joe Haeny besaß noch die originalen Masterbänder der Aufnahmen, die Morrison an seinem Geburtstag im Village Recorders gemacht hatte. Es ist das magische Dreieck: Worte-Bilder-Stimmungen, ein Fest der Spoken-Word-Poetry. »Im Grunde waren sie eine Jazzband mit einem Poeten«, sagte George Clinton über die Doors. »An American Prayer« wurde im Juni 1995 zum Nummer-eins-Album in den Billboard's-Charts und blieb das einzige Doors-Album, das in den USA für einen Grammy nominiert wurde.

Schon im November 1967 zeigte sich die Zeitschrift Vogue schwer beeindruckt von Morrisons Songtexten: »Jim Morrison schreibt, als wäre Edgar Allan Poe in Gestalt eines Hippies zurückgekehrt.« Seine Gedichte handeln von dunklen und lichten Orten, Jahrmärkten, Highways, Whiskey Bars und Seelenküchen. Rätselhafte Texte, ausufernde Songs über Radiostandards hinaus. Es ist ein grandioser Ausbruch auf die Nachtseite des Pop: »You know the day destroys the night/ Night divides the day.«

Inspiriert von William Blakes »Marriage of Heaven and Hell« (1793) will Morrison die Nacht anzünden (»Set the Night on Fire«), durch die Pforten der Wahrnehmung (»The Doors of Perception«, Blake) hindurchgehen und das Unbegrenzte finden: »There are things that are known and there are things that are unknown; in between there are doors.« Dieser Satz von Wiliam Blake soll dafür verantwortlich sein, dass Jim Morrison seine Band The Doors nannte. »The Doors of Perception«, eine Rauschmittelstudie von Aldous Huxley, war der zweite Anlass.

Was sich auf der anderen Seite befand, war für Morrison zweitrangig. Die Routine, der Gleichlauf aller Tage, war zu überwinden, möglichst rauschhaft, es ging in die Vertikale: »She get's high.« Ein Suchen und Irren. »Tried to run/ tried to hide«. Gekeuchte Yeahs, das Zurasen auf einen orgiastischen Höhepunkt. Morrison trug die Maske des Verführers, ein indianischer Schamane, ein Seelenkäufer, der sein Publikum nicht betäuben oder mit ihm aus der Realität fliehen wollte, sondern ein neues Erwachen propagierte: »Wake up!«, rief Morrison ins

Publikum, raus aus dem Dämmerzustand, gebt eurer Sehnsucht Nahrung, findet den Zugang zum Anderen. Morrison sah sich als Subjekt, das ständig in Bewegung ist, sich nicht festlegen will und neugierig darauf wartet, Grenzen zu überschreiten.

William Blake (1757–1827) war ein englischer Kupferstecher und Illustrator, Dichter und Philosoph, der zu Lebzeiten ein exzentrisches Außenseiter-Dasein fristete und erst von Autoren der Moderne wie den Beatpoeten um Allen Ginsberg und von Dylan Thomas, Ezra Pound und T. S. Eliot wiederentdeckt wurde. Er propagierte, sich der eigenen Imagination anzuvertrauen und so das Bewusstsein zu erweitern. Es verwundert nicht, dass eine Ausgabe seines Gesamtwerks in der Bibliothek von Morrison stand, neben Albert Camus, William S. Burroughs, Joseph Conrad, Wilhelm Reich, Arthur Rimbaud, Jack Kerouac, Aldous Huxley, Friedrich Nietzsche und vielen anderen. Blakes Begriff von Wahrnehmung ging über die sinnliche Erfahrung hinaus; in seinen Augen sieht nur der »richtig«, der Visionen hat, der den Blick ins eigene Innere wendet und eher die Erweiterung und den Exzess sucht als Beschränkung und ordnende Grenzen. Jim Morrison nahm Drogen und Psychopharmaka, um Zugang zu Welten zu erhalten, die sonst verschlossen und unzugänglich schienen. Wie Blake beklagte er, dass »der Mensch sich verschlossen hat, bis er alle Dinge sieht/ durch enge Ritzen seiner Höhle«. Vielmehr gelte es, die Türen zu öffnen. Das Tor, das die Wirklichkeit von dem trennt, was einmal wirklich werden kann. Ob dahinter ein künstliches Paradies zu entdecken ist oder die eigene Hölle, scheint zweitrangig. Es ist die offene Form, die attraktiv ist und sich abwendet von all dem, was abhängig, geordnet und geschlossen scheint: Staat, Gesetz, Elternhaus, Industrie, Ehe und allem anderen, was von Zwängen getragen wird. Morrison will wie Blake die Gegensätze überwinden und vereinen, Himmel und Hölle verheiraten.

Ähnliche dualistisch geprägte Gedanken finden wir bei Thomas Mann, der im Roman »Doktor Faustus« (1947) Blake in der Rolle eines Adrian »so lieben Autors« erwähnt. Wir begegnen Begriffsgegensätzen, die uns aus der poetischen Welt William Blakes bekannt sind: »Without Contraries is no progression. Attraction and Repulsion, Reason and Energy. Love and Hate, are necessary to Human existence. From these contraries spring what the religious call Good & Evil. Good is the passive that obeys Reason. Evil is the active springing from Energy. Good is Heaven. Evil is Hell.«

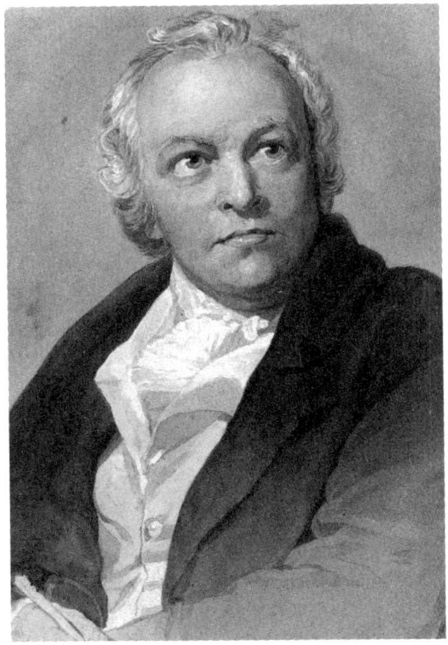
William Blake

Das menschliche Denken und Handeln benötigt laut Blake den Kontrast sich bekämpfender Kräfte, um produktiv werden zu können. Blakes Schriften haben durchaus sozialrevolutionäres Potenzial, sind gegen den Materialismus seiner Zeit gerichtet und lehnen konventionelle Moralvorstellungen ab. Mit dem Gedanken der rauschhaften Erneuerung und der Loslösung von »mind-forged manacles« (Fesseln des Geistes) kann sich Morrison sofort identifizieren. Seine Vorstellung, Körperlichkeit, seelische Kräfte und Fantasie in einem einzigen Akt radikal und kompromisslos zu feiern, mündete in ekstatische Bühnenshows, die für Morrison gleichsam die Hölle auf Erden waren. Für ihn ist Kreativität eine mystische Erfahrung und die Show eine energetische Entladung – ohne Rücksicht auf das Publikum.

»I am the Lizard King, I can do anything!« Die Eidechse ist Morrisons Seelentier. »The Celebration of the Lizard« ist ein kleines Spiel, bei dem eine Eidechse in sein Gehirn kriecht, um »Verrücktwerden« zu spielen. Morrison glaubte, dass die Menschheit aus Schlangen hervorgegangen ist. Er hatte Reptilien schon immer gemocht, war im Südwesten der USA aufgewachsen und hatte Hornkröten und Eidechsen gefangen. Reptilien wären eine randständige Gattung, aber sie würden seiner Meinung nach alles überleben. Das Stück »Celebration of the Lizard« ist eine Einladung an die dunklen Mächte. Das alles garniert Morrison mit einem Quentchen Ironie. Denn seine Botschaft bleibt die Liebe. Und der Glaube an die Kraft der Erde, aus der alles entspringt.

»Jim Morrison kommt auf die Bühne und ist kein netter Mensch mehr, überhaupt nicht, er ist ein Phantom. Er trägt schwarze Lederhosen, so eng, dass man seine Maschine sehen kann, und er leidet Höllenqualen, er sieht aus, als sei sein Verstand zum Essen gegangen. Er zuckt, taumelt, windet sich. Er tastet nach dem Mikrofon wie ein Blinder, und sein Gesicht verzerrt sich vor Wut und Schrecken. Er sieht aus wie ein Mann auf einem schlechten Trip, zum Wahnsinn gebracht durch Alpträume, Wahnvorstellungen, von Dingen, die er nicht begreifen kann. Zuerst fleht er, und dann ist er obszön, dann bricht er zusammen, dann fleht er wieder. Er stammelt, stolpert, kann keine Worte finden. Er wirkt wie ein Sadist. Im nächsten Augenblick wie ein Masochist. Er verschwimmt, sein Gesicht ist wie Gelee. Und am Ende zeigt er sich als Psychopath: ›Vater? Ja, Sohn? Ich will dich umbringen. Mutter, ich will dich ficken‹ […].«

So beschreibt Nik Cohn die Bühnenshow Jim Morrisons. Theatralisch, einstudiert, perfekt inszeniert. Es gab immer den Moment, wo er wie zufällig von der Bühne fiel. Morrison war der Erfinder des Stagedivings. »You know that it would be untrue/ time to hesitate is through/ no time to wallow in the myre/ our love became a funeral pyre./ Come on baby, light my fire« ist die Bitte um erotische Inspiration, dem Anruf der Musen verwandt. Morrison forderte die Bereitschaft, sich völlig hinzugeben, und zeigte den Willen, über das Erreichte hinauszugehen: »You know that it would be untrue/ You know that I would be a liar/ If I was to say to you/ Girl, we couldn't get much higher.« Bei Konzerten ergänzte Morrison die normale Textfassung durch ein eingestreutes Gedicht, das »Graveyard Poem«. Darin wird berichtet, welch munteres Treiben mitunter auf Friedhöfen in der Nacht herrschen kann. Ein besoffenes Mädchen vögelt die Toten (»a girl got drunk and balled the dead«), ein anderer jagt einen Hasen ins Dunkel der Nacht (»chased a rabbit into the dark«). Ein Schelm, wer an Jefferson Airplanes »White Rabbit« denkt, jenes weiße Pulver, das glücklich machen soll. »Cemetery, cool and quiet, hate to leave your sacred lay.«

Gemeinsam mit den Doors erweiterte Morrison das Repertoire der Rockmusik um mehrschichtige Konzeptstücke und Formen des Rocktheaters – ganz im Geist des New Yorker Living Theatre von Julian Beck und Judith Malina, die für ihre anarchischen Performances bekannt waren. Immer wieder rezitierte Morrison spontan Gedichte zwischen den Songs. Die Gattungsgrenzen verschwammen. Emphase, Lüsternheit, Trance: In einer Zeit, als andere von Blumen im Haar sangen und davon, dass man mit Hilfe der Freunde high werden könnte, sang er von Schlangen und ertrinkenden Pferden. Er sprach offen vom Schmerz der Einsamkeit, reflektierte die Ungeduld einer Generation, die frustriert und zornig über den Lauf der Dinge war. Man kann schwer sagen, wessen Seele er retten wollte, die seiner Zuhörer oder die eigene.

Posen und Provokationen: Allmählich verlor Morrison die Kontrolle über sein Image. Das Publikum kam nicht mehr wegen der Musik, sondern weil es hoffte, dass Morrison etwas Unerhörtes tun würde. Anstelle dieses Feuerwerks würde er, so Morrison, lieber den »stillen, zurückgezogenen Künstler spielen, der unverdrossen seinen eigenen Garten bestellt«. Es ist erstaunlich, das von einem Medizinmann, einem Priester der Horde, zu hören, der wie Jekyll und Hyde sein Publikum zu manipulieren verstand. Der das energetische Spiel liebte, die Aufführung und ihre Vibrationen, die Lebenskraft, sich auszudrücken, die Improvisation. Und der am liebsten ein eigenes Theater haben wollte, um die permanente Revolution zu verkünden. Und der schließlich resignierte: »Ich wollte eigentlich Gedichte auf die Leerrillen zwischen den Stücken sprechen. Aber wer will schon einen Typen reden hören? Die Musik ist das, was abgeht. Die wollen sie hören.«

Morrison reagierte auf diese Erwartungen wütend, beleidigte sein Publikum, zeigte ihm seine Verachtung. Der Mikrofonständer wurde zur Krücke und Waffe. Wie ein Derwisch fegte Morrison über die Bühne, provozierte, schwieg minutenlang, torkelte betrunken, während Manzareks Orgel wie Rummelplatz-Musik mäanderte, John Densmore flexibel den Takt schlug und Robbie Krieger auf den Blues kam.

Seine Mitmusiker passten perfekt zu ihm. Sehr gebildet, obere Mittelschicht, Drogenkonsumenten. Oder auch »Mojos« genannt. »Ich kenne keine andere Band«, schreibt Henry Rollins, »die in der Lage gewesen wäre, das aus Morrison herauszuholen, was er aus seinem Inneren preisgab. [...] Morrison brauchte eine äußerst verständnisvolle, akustische Wildnis, in der er spazieren gehen konnte, und sie waren genau das Richtige für ihn.«

»Mr. Mojo risin'«, singt Morrison in »L. A. Woman«. »Wir hatten das nie zuvor gehört«, erinnert sich Krieger an diese Zeile. »Es war ein Anagramm seines Namens.« Morrison tobt durch die »City of Night«: »Motel, money, murder, madness, let's change the mood from glad to sadness.« Er entblößte sich bei einem Konzert in Miami. Der Knackpunkt der Karriere. Die Doors, die einmal eine echte Konkurrenz für die Rolling Stones waren, fielen ab. 1969 wurde Morrison wegen Obszönität und unsittlichen Verhaltens verhaftet und verurteilt. Das bedeutete praktisch den Untergang der Band, die zu dieser Zeit zu den populärsten Gruppen der Welt gehörte.

Mittlerweile waren die unglaublichsten Geschichten über Morrision im Umlauf: Mit dem Mund würde er Libellen am Flügel fangen und sie essen und sich Nadeln in die Pupillen stecken. Mehrfach wurde sein Tod gemeldet. Wegen Trunkenheit warf man ihn aus einem Flugzeug oder einem Nachtclub. Morrison befand sich im Dauer-Delirium. Er stand enorm unter Druck und wurde damit nicht fertig. Seine Freunde sahen das und konnten nicht helfen. Er nahm alles, was er kriegen konnte. Bei Alkohol war das am einfachsten. Morrison veränderte sich. Auch äußerlich, sah aufgeschwemmt und kaputt aus. Wie ein Drop-Out mit Vollbart. Er lebte in Bars. Und zerstörte sich selbst.

Dabei konnte er witzig, charmant und selbstironisch sein. In seinen lichten Momenten forderte er: »Alle Schranken niederreißen, das mag ich sehr. Opposition ist wahre Freundschaft.« Der gefesselte Dionysos. Eine gefangene Seele. Romantisch, wild und gefährlich. Am Ende ein Mensch mit all seinen Schwächen. Im Scheinwerferlicht verbrannt.

Morrison wollte aussteigen, erlitt einen Nervenzusammenbruch und gewährte der Band sechs Monate Frist, um noch eine Platte zu machen. Einer Band, deren drei weitere Mitglieder auf dem ersten Album nur auf einem kleinen Teil des Covers zu sehen sind und fast im Schatten des Gesichts von Jim Morrison verschwinden. Ein Mann, für den Norman Mailer und Paul Newman Texte und Blurbs schreiben wollten. Zu dem Mick Jagger im Sommer 1968 mit Freundin Marianne Faithfull eigens aus London anreiste, um sich Tipps für Auftritte vor großem Publikum geben zu lassen. Für dessen Musik Rolf Dieter Brinkmann das Schreiben unterbrach – »... sollte ich nicht lieber die Musik um ein paar Phonstärken erhöhen und mich ihr ganz überlassen anstatt weiterzutippen« – und den Salman Rushdie in seinen »Satanischen Versen« verewigte.

So ändern sich die Zeiten. Der verletzliche, scheue Collegestudent, der den Zuhörern den Rücken zuwandte, gehörte längst der Vergangenheit an. Der Lizard King hatte die Oberhand gewonnen. Jim konnte in seiner neuen Haut nicht mehr Atem holen. Er hatte sich in ein Monster verwandelt, das aber immer noch charmant sein konnte. Morrison zog mit seinen Saufkumpanen Babe Hill und Danny Sugarman, mit Alice Cooper und Eric Burdon um die Häuser, verwüstete im LSD-Rausch ein Aufnahmestudio und spielte das Publikum in so riesigen Arenen wie dem Fillmore Auditorium in San Francisco und dem Madison Square Garden einfach nieder. Er vernachlässigte seine kalifornische Freundin Pam und schlief wahllos mit anderen Frauen; eine von ihnen, Patricia Kenneally, wurde schwanger, Morrison heiratete sie in einer Hexenzeremonie. Inzwischen, wie gesagt, vollbärtig und übergewichtig, mit Jeans und Armeejacke, trieb er sich herum und ließ das Leben machen, was es wollte.

»There's a killer on the road/ His brain is squirmin' like a toad/ Take a long holiday/ Let your children play/ If ya give this man a ride/ Sweet memory will die/ Killer on the road, yeah«. »Riders on the Storm« ist der letzte Song, den Jim Morrison sang, bevor er nach Paris ging. Im Song bezieht er sich auf sein Filmdrehbuch »The Hitchhiker« (»Der Anhalter«), in dem er selbst die Hauptrolle spielen wollte. Das Vorbild der Titelfigur ist ein Massenmörder, der einundzwanzigjährige Billy Cook, der zu Beginn der 50er den Südwesten der USA mit seinen Bluttaten terrorisierte, über zehn Personen als Anhalter entführte und sechs von ihnen tötete, darunter drei Kinder.

Aber vielleicht ist der zentrale Text seines Werks der letzte Song der ersten Platte: »The End« beginnt wie ein harmloses Liebeslied, steigert sich, begleitet von kakophonem Lärm und Morrisons Urschreien. Einer griechischen Tragödie nicht

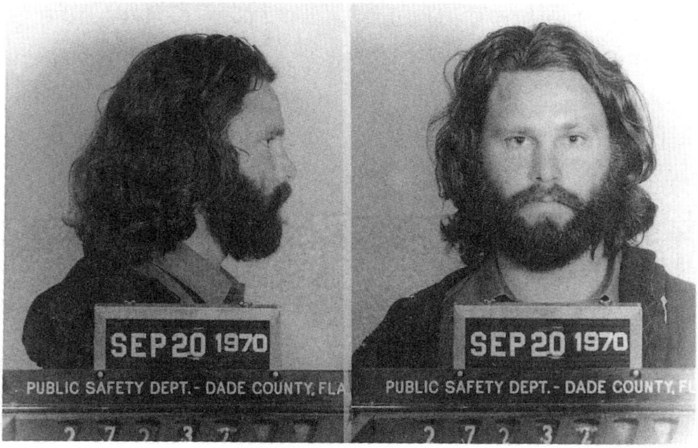


unähnlich. Ein Zwölf-Minuten-Opus. »The blue bus is calling us«, heißt es da. In den Late Sixties gab es in den USA die Droge Numorphan (in der Wirkung mit Morphium vergleichbar) in länglichen blauen 10-mg-Tabletten, die im Szenejargon »Blue Bus« hießen. Eine andere Interpretation bezieht sich auf Jim Morrisons Vater, der zum Admiral aufgestiegen war. Der Sohn war entsprechend mit den blauen Bussen vertraut, mit denen amerikanische Soldaten zur Grundausbildung in die Trainingscamps gekarrt wurden.

»Ride the snake/ Ride the snake to the lake/ the ancient lake, baby/ The snake is long, seven miles/ Ride the snake ... he's old, and his skin is cold«. »The End« handelt von drei Dingen: Sex, Tod und Reisen. Erzählt wird vom Ritt auf einer sieben Meilen langen Schlange zu einem uralten See. Bei der anschließenden Fahrt in einem blauen Bus gibt der Seelenführer schließlich die Kontrolle ab: »Driver, where you taking us?« Eine irritierende

Reise von Ende zu Ende durch die USA, »a desperate land«, das Morrison ironisiert: »The west is the best.« Mit großem rhetorischen Pathos wird ein Ende beschworen, nach dem vermutlich nichts mehr kommt: »This is the end, my only friend, the end/ of our elaborate plans.« Die Totenklage mündet in eine somnambule Ödipus-Phantasie, die nicht unbewusst, sondern klar geäußert wird: »Father, I want to kill you – Mother, I want to fuck you.« Morrison hatte über zwei Jahre keinen Kontakt mehr zu seiner Familie, die auch nur durch Zufall von der ersten LP erfuhr. Als seine Mutter daraufhin ein Konzert in Washington besuchte und in der ersten Reihe saß, sah er sie bei »The End« direkt an. Am Ende des Songs heißt es: »But you'll never follow me.« Der Erzähler geht allein weiter, durch das weit aufgestoßene Tor, in irgendein Jenseits. Nach der Auffassung des Sängers – dem nach der im Elternhaus erlebten autoritären Erziehung die Vorstellung von eigener Autorität und die Übernahme von persönlicher Verantwortung fremd geblieben waren – sollten Leser und Zuschauer seine Arbeiten auf ihre eigenen Kontexte übertragen: »Ich biete Bilder an. Ich beschwöre Erinnerungen an Freiheit. Doch können wir nur Türen öffnen; wir können Leute nicht hindurchschleifen.«

»Manchmal ist der Schmerz zu groß«, so Morrison, »um ihn noch zu untersuchen oder ihn überhaupt zu ertragen. Das macht ihn jedoch nicht schlecht oder böse – notwendigerweise gefährlich. Aber die Leute haben vor dem Tod sogar noch mehr Angst als vor dem Schmerz. Leben ist viel schmerzhafter als der Tod. Wenn du tot bist, ist der Schmerz vorbei. Yeah – ich würde sagen, der Tod ist ein Freund.« Der Tod also als Freund und Erlöser, weil der Rausch doch kein nachhaltiges Glück bescheren und keinen Sinn stiften kann, der den Schmerz heilen oder zumindest aufwiegen könnte.

Im März 1971 erfolgte der Abschied von der Band, der Umzug nach Paris, ohne große Worte. Morrison wohnte mit Pam Courson zunächst im Hotel Georges V. im 8. Arrondissement. Anschließend bezogen sie in der Rue Beautreillis Nr. 17 im dritten Stock ein luxuriös eingerichtetes Appartement zur Untermiete bei einem Pariser Fotomodell.

Morrison führte ein zurückgezogenes Leben. Er wollte vor allem an Gedichten und Drehbüchern arbeiten und eine Gedicht-LP vorbereiten. Er verreiste mit Pam nach Marokko, Spanien, Korsika, Südfrankreich, er mochte die pinkfarbene Architektur von Toulouse und saß stundenlang im Prado-Museum vor dem Gemälde »Der Garten der irdischen Lüste« von Hieronymus Bosch. Wieder daheim streifte er stundenlang durch Paris, saß in Straßencafés und Bistros, lernte Filmleute wie Agnès Varda und Jacques Demys kennen.

Paris wurde vorübergehend zum Fluchtpunkt, zum Unterschlupf, aber letztlich fand Morrison auch hier keine Ruhe. Seine vielen Projekte (ein neuer Gedichtband, eine Oper, diverse Filme) verliefen im Sande. Zudem litt er unter einer Schreibblockade, starrte stundenlang in sein aufgeschlagenes Notizbuch mit den vielen leeren Seiten. Die Depressionen kehrten zurück. Morrison ertränkte seinen Frust in unvorstellbaren Mengen von Alkohol. Am 2. Juli 1971 bekam er starken Schluckauf und Atembeschwerden. Er besuchte mit Freunden noch eine Kinovorstellung, dann gehen die Versionen über seinen Tod weit auseinander. Von einem Blutgerinnsel, einer verschleppten Lungenentzündung, von Suizid ist die Rede. Alles spekulativ. Wahrscheinlich besuchte Morrison noch allein den berüchtigten Nachtclub Rock'n'Roll Circus in der Rue Mazarine 62, schnupfte dort ungewöhnlich reines Heroin und fiel dann auf der Toilette sofort in einen komatösen Zustand. Die Junkies schleppten ihn nach draußen und setzten ihn in ein Taxi. Vielleicht half ihm Pamela in die Badewanne und ging wieder ins Bett, vielleicht auch jemand anderes. In jedem Fall starb Morrison in der Nacht des 3. Juli 1971, offiziell an Herzversagen. In der Sterbeurkunde steht unter Beruf: »Dichter«.

Am Tag nach Morrisons Tod entdeckte Pam Courson, die in der Wohnung bis zur Erteilung der Bestattungserlaubnis zwei Nächte lang Totenwache hielt, in einem Notizbuch Morrisons die Zeilen: »Leave the informed sense in our wake/ you be Christ on this package tour/ – Money beats soul –/ Last words, last words/ out.«

Zwei trauernde Fans begingen nach seinem Tod Selbstmord. Bei der Beerdigung auf dem Friedhof Père Lachaise waren nur wenige Freunde anwesend, niemand von der Band. Als John Densmore viel später sein Grab besuchte, das mittlerweile zum Wallfahrtsort seiner Fans geworden war, war er entsetzt: »Ein kleines Rechteck aus Zement, das in den Boden eingelassen war. Ich starrte es ungläubig an. Das ist es? schrie mein Innerstes. Dies ist das Ende des elektrischen Schamanen, des Acidkönigs, des Ödipus Rex in Person? Du brachst auf in die Leere, und Ray, Robby und ich, dein Feast of Friends, unterstützten dich. Bis zu einem bestimmten Punkt. Wir hatten keine Ahnung, dass du es tatsächlich wahrmachen wolltest. Nun frage ich mich, ob ich irgendetwas hätte tun können, um dich aufzuhalten.«

Wenngleich Morrison vor allem durch seine Songs bekannt geworden ist, hinterließ er ein literarisches Gesamtwerk von insgesamt über eintausendsechshundert Manuskriptseiten. Gedichte, Anekdoten, Epigramme, Essays, Erzählungen, Songtexte, szenische Texte und Drehbuchentwürfe. »When the music is over«, das ist der Schrei des Schmetterlings, das ist das Aufschrecken aus einem tiefen Schlaf: »Wir wollen die Welt und wir wollen sie jetzt.«

Und dann? Die millionenfachen Verkäufe, die ikonografischen Fotos, das bis heute währende Interesse. Für eine Band, die seit 1972 praktisch nicht mehr existiert, ist das erstaunlich. Der Rolling Stone titelte 1981: »He's Hot, He's Sexy, and He's Dead!« Noch 2017 wird er vom Musikexpress als »Pin-up-Boy der Rebellion« bezeichnet. Ein großes Missverständnis.

»Was hatte es mit dieser dunklen Morrison-Wolke auf sich, die über deinem Kopf schwebte?« fragte sich John Densmore. »Jeder, der mit dir in engen Kontakt geriet, fand sich bald am Saum dieser Dunkelheit wieder. Du warst der verdammte Prinz der Dunkelheit, Jimbo. Irgendwann überrannte uns der Mythos, den wir aufbauten, und begann ein Eigenleben, anstatt abzuflauen. Du magst denken, dass wir ihn zerschlagen oder ihn wenigstens nicht ernstnehmen sollten, oder die Macht eines Mythos nicht unterschätzen sollten. Aber es war ein Spiel namens Irrsinn, wie du es einmal genannt hast, und du warst sein Dichterpriester, wie sie es heute nennen. Ich behaupte, es wurde zu einer Horrorshow. Während wir die Welt zu erobern suchten, hattest du nach einer Transzendenz geforscht und nicht die Früchte genossen. Deine Wunde flammte dadurch auf. Die Wunde deiner Geburt. […] Hätte ich mich in jenen Tagen intensiver mit Jims

Texten beschäftigt und dabei erkannt, wie sehr er litt, hätte ich wohl tatsächlich die Gruppe verlassen; vielleicht machten wir aus seiner Pein unser Geld. Aber so sehr interessierten mich die Texte damals nicht, ich fühlte sie nur. Es war mir nicht bewusst, wie hoch der Preis war, den Jim dafür zahlte. Es war schade, dass man in unserer Gruppe nicht miteinander redete. Ich konnte den Tod riechen.«

Die Scheinwerfer sind erloschen, der Applaus ist verebbt. Das Licht der Finsternis, verfallen.

In einer Widmung für einen Fan schreibt Morrison: »Wir treffen uns auf dem großen Rockkonzert im Himmel. Dein Bruder von Friede & Freiheit, Jim.« Und über seinen eigenen Tod sagte der zeitlebens vom Sterben Besessene: »Ich möchte wissen, wie es sich anfühlt. Ich möchte es schmecken, hören, riechen. Der Tod ist etwas, das dir nur ein einziges Mal zustößt. Ich möchte es nicht verpassen.«

»Every Night & every Morn
Some to Misery are Born
Every Morn and every Night
Some are born to sweet delight
Some are born to sweet delight
Some are born to the endless night«

William Blake, »Auguries of Innocence« (1803)

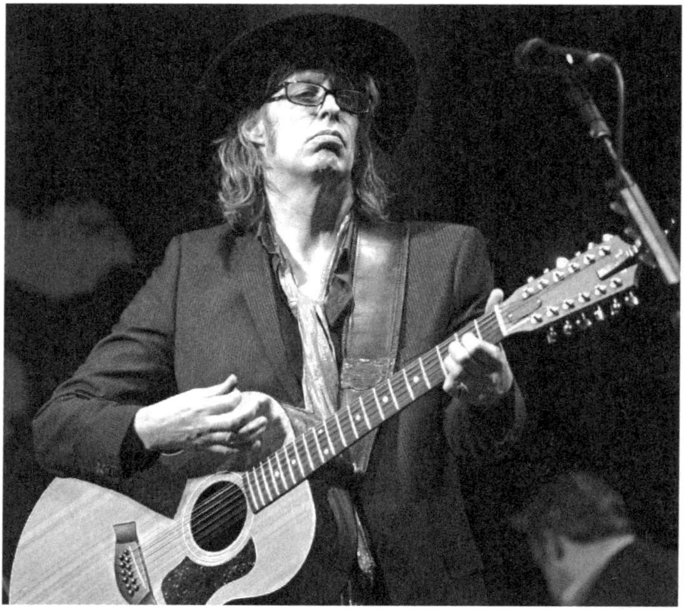

# Die Modernisten

*The Waterboys und William Butler Yeats*

Engländer, Schotten und Iren verehren ihre Dichter wie Nationalhelden. Literatur und Musik, Gesang und Rezitation fließen an den Theken der Pubs in London und Dublin stets ineinander. Auch die Folk- und Rockmusiker zelebrieren in ihren Texten und Konzerten die enge Verbundenheit mit der literarischen Tradition ihrer Städte und Countys.

Auf die Frage, was er Bob Dylan zum fünfzigsten Geburtstag schenken wolle, antwortete einst Bono, Sänger der irischen Band U2: »Ein Exemplar von ›Finnegans Wake‹.« Die Mitglieder der Folk-Punk-Band The Pogues ließen sich auf dem Cover ihres Albums »If I Should Fall from Grace with God« (1988) im James Joyce-Look abbilden. Eine Band der frühen 90er nannte sich Bloomsday nach dem am 16. Juni gefeierten Gedenktag für »Ulysses« (1922), dem Hauptwerk von James Joyce (1882–1941). Kate Bush ließ sich für ihr Album »The Sensual World« (1989) ebenfalls von »Ulysses« inspirieren und focht sogar einen Streit mit den Joyce-Erben aus, um Original-Passagen aus dem Roman verwenden zu dürfen. Syd Barrett, Sänger und Gitarrist von Pink Floyd, vertonte für sein Soloalbum »The Madcap Laughs« (1970) »Lean Out of the Window« aus dem Gedichtband »Chamber Music« (1907) von James Joyce. Und die berühmten Folkies The Dubliners benannten sich nach seinem ersten Prosaband (1914) und veröffentlichten 1966 das Live-Album »Finnegan Wakes«, das mit dem Song »Finnegan's Wake« so beginnt: »Tim Finnegan lived in Walkin Street/ A gentleman Irish mighty odd./ He had a tongue both rich and sweet,/ An' to rise in the world he carried a hod./ Now Tim had a sort of a tipplin' way,/ With the love of the liquor he was born,/ An' to help him on with his work each day,/ He'd a drop of the craythur every morn.«

Fast alle wichtigen Vertreter der angelsächsischen Literatur wurden in Songs verewigt. Das beginnt mit der englischen Renaissance und John Donne (1572–1631), dessen Gedicht vom ehemaligen Mitglied der Folkband Pentangle, John Renbourn, 1965 vertont wurde: »Go and catch a falling star,/ Get with child a mandrake root,/ Tell me where all past years are,/ Or who cleft the devil's foot;/ Teach me to hear mermaids singing,/ Or to keep off envy's stinging,/ And find/ What wind/ Serves to advance an honest mind.«

Bands wie Steeleye Span (»John Barleycorn«, 1972; »Rogues in a Nation«, 1973), Five Hand Reel (»My Love is Like a Red«, »Red Rose«, 1978) und Jethro Tull (»One Brown Mouse«, 1977) nahmen sich der Volkslieder und Gedichte des schottischen Naturdichters und Romantikers Robert Burns (1759–1796) an. Und Kate Bushs Charthit »Wuthering Heights« (1978) bezieht sich auf den gleichnamigen Roman (1847) von Emily Brontë (1818–1848), einen Klassiker der englischen Literatur.

Der aus Manchester stammende Morrissey, Sänger von The Smiths, gibt sich stets kulturbeflissen, provokant und stilisiert sich als Dandy nach dem Vorbild seines großen Idols Oscar Wilde (1854–1900): »Keats and Yeats are on your side/ But you lose/ Because well beloved Wilde is on mine« (»Cemetery Gates«, aus: »The Queen is dead«, 1986). Auch U2 verneigen sich in »The Ocean« vor Oscar Wilde: »Picture in grey/ Dorian Gray/ Just me/ By the sea« (aus: »Boy«, 1980).

Dem trinkfreudigen Dramatiker und IRA-Aktivisten Brendan Behan (1923–1964) huldigte Bob Geldof mit »Thinking Voyager 2 Type Things« auf »Vegetarians of Love«

(1990): »This is the moment that we come alive/ I'm handing out the breath and the kiss/ I'm electric with the snap and the crackle/ of creation/ I'm mixing up the mud with the spit/ So rise up Brendan Behan and like a drunken/ Lazarus/ Let's traipse the high bronze of the/ evening sky/ Like crack crazed kings.«

Roy Harper schrieb »Waiting for Godot Part Zed« (aus dem Album: »Death or Glory«, 1992) als Reminiszenz für Samuel Beckett (1906–1989), Van Morrison adaptierte mit The Chieftans das Liebesgedicht »On Raglan Road« von Patrick Kavanagh (1904–1967), das auf die gleichnamige Straße in Dublin verweist. Und so weiter und so fort. Die Liste der Songs, in denen sich die angelsächsische Dichtung von John Keats bis Seamus Heaney widerspiegelt, ließe sich leicht verlängern.

Auf besondere Liebe und Verehrung stößt dabei das Werk des irischen Dichters William Butler Yeats (1865–1939), der 1923 den Nobelpreis für Literatur zugesprochen bekam. Auch wenn der zugekiffte Graham Nash einmal etwas überheblich zum Londoner Musikkritiker Nik Cohn sagte: »Wir sind die Dichter von heute! Ihr lest den Yeats oder den Dingsda, und ihr kapiert kein Wort«, ist die schiere Menge an Songs, die sich auf Yeats beziehen, beeindruckend. Clanned hat »Down by the Salley Gardens«, Donovan »The Song of Wandering Aengus«, Davy Spillane »The Host of the Air« vertont. The Cranberries singen über »Yeats' Grave« (aus: »No Need to Argue«, 1994) und Van Morrison fordert: »Rave on John Donne, rave on thy Holy fool [...] Rave on, Walt Whitman, nose down in wet grass/ Rave on Omar Khayyam, Rave on Kahlil Gibran [...] Rave on on Mr. Yeats, Rave on down through the Holy Rosey Cross/ Rave on down through theosophy, and the Golden Dawn/ Rave on through the writing of a Vision« (»Rave on, John Donne«, 1983). Auch Phil Ochs, John Doan, Angelo Branduardi, Black 47, um nur die bekanntesten Interpreten zu nennen, haben sich mit Yeats und seinen Gedichten beschäftigt.

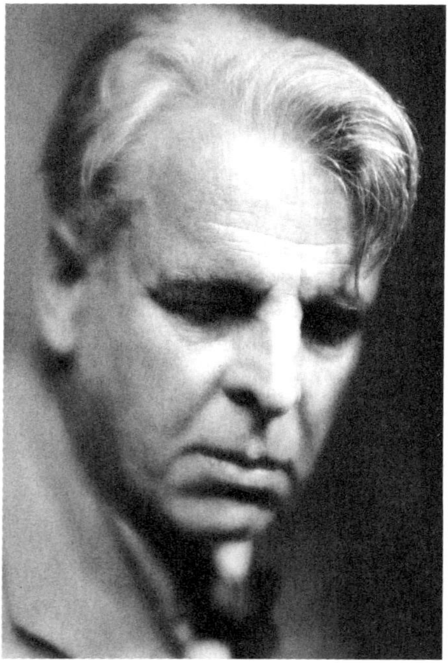
William Butler Yeats

Willam Butler Yeats wurde am 13. Juni 1865 in Dublin, im Vorort Sandymount, geboren. Dort wuchs er auf, in London und Dublin ging er zur Schule. Aber Sligo, die kleine Stadt mit den bunten Häusern und den vielen Pubs und Türmen an der Mündung des Garavogue River, war sein Sehnsuchtsort. Mit seinen Geschwistern verbrachte der kleine William dort häufig die Sommerferien bei seinen Großeltern. Und hier erfuhr er von den Legenden und Sagen, die in seine frühen Gedichte eingingen, von keltischen Helden und Gottheiten, von Feen und Hexen und der sagenhaften Maeve, die im Berg Knocknarea in der Nähe von Sligo begraben sein soll. Nachts hörte er in seinen Träumen das Geflüster all dieser Zauberwesen, und im Sommerhaus Elsinore bei seinen

Couisins klopften nachts die Geister verstorbener Piraten und Schmuggler an die Fensterscheiben. Das Mystische und Okkulte wird William Butler Yeats ein Leben lang faszinieren.

Als er in Dublin ein Kunststudium aufnahm, auch öfter mit der Familie, die durchaus wohlhabend war, in London weilte, sehnte er sich zurück nach Sligo, zu den Wassern von Lough Gill und nach der kleinen Insel Innisfee, die zu seinem Refugium werden sollte. Nach dem Vorbild des einfachen Lebens, wie es Henry David Thoreau (1817–1862) geschildert hat, träumte er von einem Paradies in der Natur und einem Frieden, »der von des Morgens Schleiern tropft«. So heißt auch sein berühmtestes Gedicht, »The Lake Isle of Innisfree«. »I will arise and go now to Innisfree« beginnt dieser Lobpreis der Natur und des Landlebens. Diesen Geschichten auf geschichtsträchtigem Terrain nachzuspüren, wird Yeats Passion bleiben. Mit »The Celtic Twilight«, einer Sammlung von Prosaskizzen, wollte er übermitteln, was ihm Bauern und Handwerker an volkstümlichen Geschichten erzählt hatten, und die er als Teil der irischen Kultur unbedingt bewahren wollte. Auch als er sich später für die Unabhängigkeit Irlands einsetzte, hoffte er, dass dieser Fundus an Volkskultur für das nationale Selbstbewusstsein der Iren wichtig bleiben würde.

Am Ostermontag 1916 besetzten Revolutionäre einige öffentliche Gebäude in Dublin und proklamierten den neuen, unabhängigen Staat. Kurz darauf wurde der Aufstand von britischen Militärs niedergeschlagen, die Rädelsführer getötet. Willam Butler Yeats widmete den Vorgängen sein Gedicht »Easter 1916« und wurde mit der Zeile »A terrible beauty is born« quasi über Nacht bekannt. 1922 erlangte Irland seine

Unabhängigkeit von England. Von 1922 bis 1928 saß Yeats im irischen Senat und machte Politik, gründete das irische Nationaltheater Abbey Theatre und erhielt 1923 den Nobelpreis für Literatur, den er seinem Land widmete.

1917 hatte er die deutliche jüngere Georgie Hyde-Lees geheiratet, zwei Kinder kamen zur Welt, und mit seiner Frau wandte sich der stets an neuen Welten interessierte Yeats verstärkt visionären Themenkreisen zu. Transzendenz, Apokalypse, Wiedergeburt – manches in seinen Dichtungen und Essays mag auf den Zweiten Weltkrieg vorausdeuten, den er nicht mehr erleben musste. Die letzten Jahre verbrachte er in Südfrankreich, er starb im Januar 1939 und liegt am Fuß des Tafelbergs Ben Bulben, in Yeats' County, begraben. W. H. Auden hat in seinem Trauergedicht »In Memory of W. B. Yeats« gesagt: »You were silly like us; your gift survived it all:/ The parish of rich women, physical decay,/ Yourself. Mad Ireland hurt you into poetry./ Now Ireland has her madness and her weather still,/ For poetry makes nothing happen: it survives/ In the valley of its making where executives/ Would never want to tamper, flows on south/ From ranches of isolation and the busy griefs,/ Raw towns that we believe and die in; it survives,/ A way of happening, a mouth.«

Auf der Homepage der britischen Band The Waterboys findet sich ein von Mike Scott, dem Sänger und Mastermind der Band, verfasster Text zu Yeats, in dem Scott seine Bewunderung für den irischen Dichter zum Ausdruck bringt, den Autor vorstellt und auf das Konzeptalbum »An Appointment With Mr Yeats« (2011) verweist. Scott schildert Yeats als »Dramatiker, Autor schillernder, geformter Prosa, Zeitschriftenverleger, Dandy, magischen Eingeweihten, Feind von Aleister Crowley, Politiker, Verfechter der irischen Unabhängigkeit in den Jahrzehnten vor der Proklamation der Republik und als Pionier, der seiner Zeit voraus war«. Vor allem aber wäre er Irlands großer Nationaldichter, sein Werk zähle zu Recht zu den besten der Literatur des 19. und 20. Jahrhunderts. Scott stellt Yeats auf eine Stufe mit Shakespeare. Sätze wie »no country for old men« seien in den allgemeinen Sprachgebrauch eingeflossen. Viele seiner Gedichte, darunter »The Song of Wandering Aengus«, »The Stolen Child« und »The Lake Isle of Innisfree«, zählten zu beliebtesten Gedichten in englischer Sprache.

Scott preist die einzigartige poetische Kraft, mit der Yeats leicht und pointiert zugleich über das seltsame Abenteuer Leben geschrieben habe. Und dies immer mit Leidenschaft, Klarheit und Tiefsinn. Yeats habe etwa fünfhundert Gedichte geschrieben, von denen sich viele für eine musikalische Bearbeitung eignen würden. So zum Bespiel das Gedicht »The Cloths of Heaven« oder »The Song of Wandering Aengus«, das unter anderem von Judy Collins, Ritchie Havens, Dave Van Ronk, Donovan, Terry Callier, Christy Moore, David Gray and vielen anderen vertont worden sei. Andere Gedichte und Lieder von Yeats seien von Van Morrison, The Fugs, Shane MacGowan, Joni Mitchell, Bono, Loreena McKennit, The Cranberries und World Party gesungen worden.

Die Auseinandersetzung der Waterboys mit dem poetischen Werk von William Butler Yeats hätte laut Scott 1986 damit begonnen, dass die Verse von »The Four Ages of Man« ihren Weg in den Song »Spirit« fanden. 1988 adaptierten die Waterboys »The

Stolen Child« für ihr Album »Fisherman's Blues«. Seitdem habe Mike Scott mit der Unterstützung seiner Kollegen eine Sammlung von etwa vierzig Arrangements zusammengestellt, von denen vierzehn zusammengekommen wären, um einen Termin mit Mr. Yeats zu vereinbaren. Dieses Album sei das Destillat ihrer Arbeit.

Der 1958 in Edinburgh geborene Mike Scott trug die Idee zu diesem Album zwanzig Jahre mit sich herum, bevor er sie realisierte. Wie Yeats versteht er sich als Künstler, dessen Radar permanent auf Empfang geschaltet und der stets bereit ist, etwas Neues zu erproben. Stillstand bedeutet für ihn Langeweile. Scott spielte durchaus mit dem Gedanken, seine Vorliebe für die Gedichte von Yeats, an dem er nach eigenen Angaben als Person nicht allzu sehr interessiert ist, als private Spielerei einzuordnen und das Projekt zu beerdigen. Aber er hat niemals aufgehört, diese Texte immer wieder zu lesen und sich von ihnen berauschen zu lassen. Seine Mission war dabei stets eine poetische. Als er in den frühen 90ern zu einer Performance im Rahmen des Yeats International Festivals eingeladen wurde, bei der auch andere irische Musiker mitwirkten, wurde aus einem Missverständnis

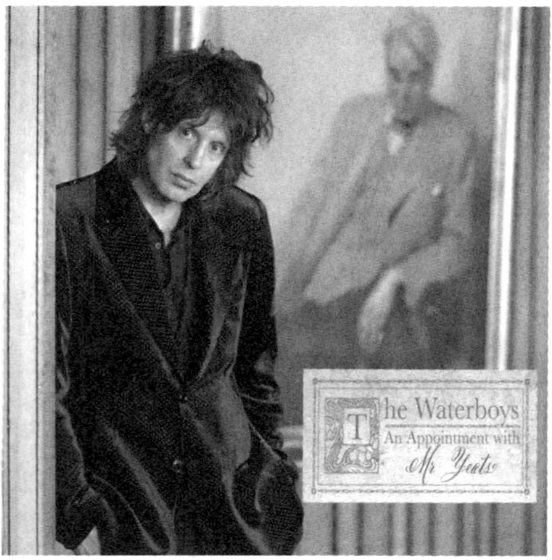

die Initialzündung für das Album. »Ich dachte, wir würden uns alle treffen, um Yeats zu vertonen und einen Abend zu verbringen, um seine Gedichte zu singen, aber stattdessen sangen alle anderen Künstler ihre eigenen Lieder«, so Scott. »Also war ich der einzige, der mit vertonten Yeats-Gedichten vorbereitet war – ich hatte vier dabei. Ich habe sie in dieser Nacht aufgeführt. Ich erinnere mich, dass ich dachte, dass Yeats' Texte so großartig sind und sie so gut zur Musik passen, dass es einen ganzen Abend geben sollte – eine ganze Bühnenshow, die seinen Texten gewidmet ist.«

Aber wie so häufig, andere Dinge bekamen Priorität, das Projekt wurde verschoben. Trotzdem ließ ihn die Idee nicht mehr los. Wollte er anfangs noch mit anderen Künstlern kooperieren, begann er sich an die Vorstellung zu gewöhnen, das Projekt im Alleingang zu realisieren. Vieles von dem, was er an anderen Adaptionen wahrgenommen hatte, entsprach nicht seinem Geschmack. Scott fand, dass Yeats perfekt zu Rock 'n' Roll passen würde.

Als er die Möglichkeit bekam, 2010 im Abbey Theatre in Dublin seine »Yeats-Show« aufzuführen, war dies der perfekte Ort. »Yeats gründete 1904 das Abbey Theatre«, so Scott. »In seinem eigenen Theater zu sein, mit einem Porträt von ihm an der Wand, zusammen mit Porträts anderer Mitglieder der irischen literarischen Renaissance – und den Direktor des Abbey Theatre zu treffen ... das war alles sehr lehrreich. Wirklich in den Windschatten von Yeats' Arbeit eintauchen zu können – das hat mir sehr viel Spaß gemacht.«

Scott vertiefte sich für die Arbeit an dem Projekt im Kosmos von William Butler Yeats. Er organisierte zum Beispiel den

Filmausschnitt, in dem zu sehen ist, wie Yeats in Stockholm den Nobelpreis erhielt, und die Stufen hinunter ging, direkt auf die Kamera zu. In der Show spielten die Waterboys dazu »The Whole of the Moon«, das Yeats gewidmet ist. Als Scott den Brief einer Sekundarschullehrerin bekam, in dem stand, dass sie einige der Tracks des Albums verwendet hätte, um ihre Schüler für Poesie zu interessieren, und diese überaus positiv reagiert hätten, besuchte er mit der Band die Schule, organisierte den Besuch eines Fernsehsenders und veranstaltete dort einen Tag zu Ehren von William Butler Yeats. Scott, der von sich sagt, er sei in einem Haus voller Bücher aufgewachsen und als Kind von seiner Mutter, einer Englischlehrerin, immer zum Lesen ermutigt worden, hat sich mit »An Appointment With Mr. Yeats« vermutlich einen Lebenstraum erfüllt. Er hat gezeigt, dass man die Texte von Yeats mit melodischem Rock 'n' Roll, traditionellem Folk und zartem Minnegesang virtuos kombinieren kann.

Rückblickend scheint es nur konsequent gewesen zu sein, ein solches Projekt zu realisieren, zumindest für einen Mann und seine Band, der vor dreißig Jahren begonnen hat, keltisches Liedgut und Poesie mit Rock 'n' Roll zu verbinden. Wenn es dann so klingt, als wäre diese Poesie eigens für die Melodien geschrieben worden, die Scott komponiert hat, dann spricht das für das Einfühlungsvermögen und die musikalische Kompetenz eines großen Musikers. »In balance with this life/ This death« heißt es in »An Irish Airman Forsees His Death« von William Butler Yeats.

Um Intellektualität geht es Scott bei diesem Projekt nicht, sondern um eine gute Erzählung. Dafür weicht er auch von den

Textvorlagen ab, wiederholt Verse, montiert verschiedene Texte zusammen, passt sie elegant den Arrangements an. Mal bluesig, dann wieder mit harten Gitarrenriffs, schottischem Country und romantischen Geigen – Scott hebt Yeats aus dem Club der toten Dichter heraus und bringt sein Werk zum Leuchten.

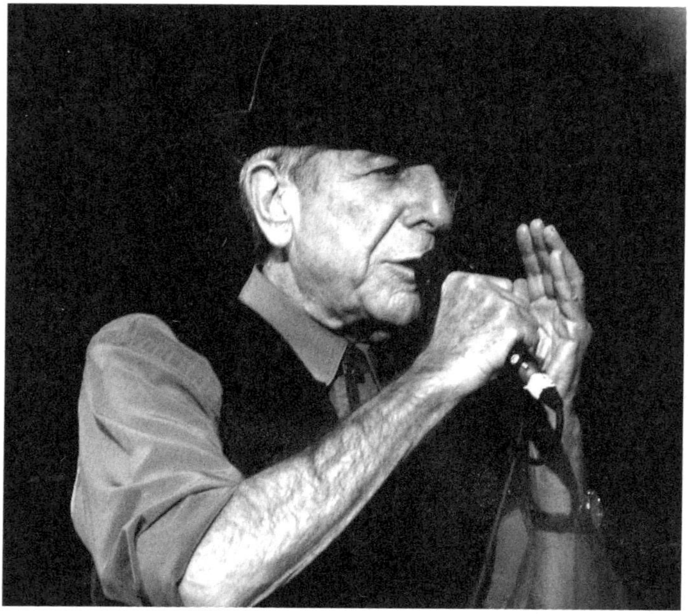

# Die Würde des Schmerzes

*Leonard Cohen und Federico García Lorca*

*Für Ricardo Volkert*

»Mein Vater war mehr noch als alles andere ein Dichter«, schreibt Adam Cohen im Vorwort zu ›The Flame‹ (2018), der letzten Veröffentlichung von Leonard Cohen. »Das verstand er als seine eigentliche Berufung, wie er in seinen Notizbüchern schrieb, als eine ›Mission G-ttes‹. [...] Das Schreiben war sein Lebenszweck. Das war das Feuer, das er hegte, die bedeutendste Flamme, die er schürte. Sie ist niemals erloschen. [...] Jede Seite Papier, die er füllte, war der Beleg zu einer brennenden Seele, der bleibt.«

Leonard Cohen wuchs in einer jüdischen Enklave auf, die im wohlhabenden Viertel Westmount lag, einer parkähnlichen Gegend Montreals. Mit dem Tod des Vaters 1944 erfuhr Cohens glückliche Kindheit eine jähe Zäsur. Er musste nun die Rolle des Mannes in der Familie übernehmen – und war doch erst zehn Jahre alt. Er vergrub einen Tag nach der Beerdigung eine Krawatte seines Vaters im Garten, nachdem er einen selbst geschriebenen Text darin eingewickelt hatte. An diesen Text hat er bis heute keine Erinnerung. Sein Lebenswerk hat er aber immer wieder als Suche nach dieser kleinen Notiz bezeichnet. Bei allem Stolz über die neue Rolle als Familienoberhaupt bleibt »der Tod eine Tragödie und ob er ein achtjähriges Kind trifft oder einen senilen alten Mann, es bleibt immer eine Narbe bei einem der Hinterbliebenen zurück – eine Narbe, die nicht so schnell verheilt«.

In den Bücherkisten eines Antiquariats fand der jugendliche Leonard Cohen einen Band mit ausgewählten Gedichten Federico García Lorcas (1898–1936) und las das Poem »Gacela of the Morning Market«, die Übersetzung von Lorcas »Gacela Del Mercado Matutino«. Dunkle, elegische Verse, voller Sprachmelodie, surreal und doch politisch, melodische Träumereien, die den jungen Cohen faszinierten. Lorca, der spanische Antifaschist, war im August 1936 von Francos Schergen im Spanischen Bürgerkrieg hingerichtet worden, als Cohen gerade mal zwei Jahre alt gewesen war. Aber, so Leonard Cohen, »das Universum, das er enthüllte, erschien vertraut«, und seine Worte erleuchteten »eine Landschaft, in der man glaubte, allein gewandert zu sein«. Cohen war elektrisiert, wollte auf diese traurigen Verse, die wie alte Volkslieder klingen, unbedingt antworten, Gedicht auf Gedicht, Geschichte zu Geschichte. Zumal Lorca im gleichen Alter gewesen war wie Cohen, als er seine ersten Texte verfasst hatte: »Libro De Poemas« (1918–1920), in denen er die Schönheit der andalusischen Landschaft beschrieb, aber auch bereits spätere Themen wie Spiritualität, Einsamkeit, Verlust und Trauer anklingen ließ. In seinem zweiten Band »Primeras Canciones Suites« (1921–1924) vermischt Lorca erzählende Passagen mit lyrischen und dialogischen und verdichtet seine melancholischen Verse zu einer verrätselten Welt. Lorcas Poesie wurzelt in einem tiefen Verständnis von Natur, in dem alles Wesenhafte und Kreatürliche eng miteinander verbunden ist. Wie ein Kind mit großen Augen nahm Lorca seine Umgebung wahr und stellte früh die entscheidenden Fragen nach Schöpfung und Weltanschauung im wörtlichen Sinne.

Die Lektüre der Gedichte Lorcas wurde für Cohen zum Auslöser des eigenen Schreibens. Cohen gefiel auch, dass Lorca der Ansicht gewesen war, in seinen Adern wäre neben Zigeunerblut auch jüdisches Blut geflossen. Dass Lorca homosexuell gewesen war, interessierte den fünfzehnjährigen Cohen nicht. Sogleich besorgte er sich in einer Pfandleihe eine spanische Gitarre und begann im Ferienlager, Volkslieder aus einem sozialistischen Liederbuch nachzuspielen. Cohen hatte einen jungen Spanier kennengelernt, der im Murray Park Gitarre spielte, gleich hinter dem Haus der Cohens in der Belmont Avenue. Die Mädchen hatten sich um ihn geschart, um ihm zuzuhören, und auch Cohen kam dazu und bat ihn, ihm das Spielen beizubringen. In drei Stunden zeigte der Gitarrist ihm die nötigen sechs Akkorde und die Flamenco-Spielweise, die Cohen »die Basis all meiner Songs und meiner gesamten Musik« nannte: »Ich bat ihn um Unterrichtsstunden, und er brachte mir Tremolos, Flamenco-Akkorde und die Kombination von Dur und Moll bei. Er lehrte mich die Grundlagen des Komponierens. Zu meiner vierten Unterrichtsstunde blieb er aus. Ich rief in seinem Hotel an, fragte, wo er sei, und musste hören, dass er Selbstmord begangen hatte.«

Die Lektüre der Gedichte Lorcas sollte für Cohen zum Schlüsselerlebnis werden: Der Auswahlband »Poems by García Lorca«, übersetzt von Stephen Spender und J. L. Gill, erschienen 1939 bei Oxford University Press (es gab 1939 auch eine zweisprachige Ausgabe, bei Dolphin in London) schlug Cohen völlig in den Bann. Diese hoch emotionalen, melancholischen Texte voller Sprachmelodie und ungewöhnlicher Bilder beeindruckten ihn nachhaltig und beeinflussten fortan seine Poesie.

»Ich öffnete das Buch«, erzählte Cohen später, »und las die ersten Zeilen, die ich bis heute nicht vergessen habe und die mein Leben verändern sollten: ›I want to pass through the Arches of Elvira, to see her thighs and begin weeping‹ (›Durch die Torbögen Elviras will ich schreiten/ will ihre Schenkel sehen und anfangen zu weinen‹). Ich dachte, was für ein erfrischendes Gefühl, genau da will ich auch sein. Ich las weiter: ›Green I want you green‹. Ich blätterte eine andere Seite auf: ›The morning through fistfuls of ants in your face‹. Eigentlich eine schreckliche Vorstellung, aber ich las weiter: ›Her thighs slipped away like school of silver minnows‹. Ich wusste, dass ich nach Hause gekommen war. Ich verstand Lorca, er war der erste Dichter, der mich wirklich berührte. Die Welt, die er zeigte, war eine Welt, in der auch ich lebte.«

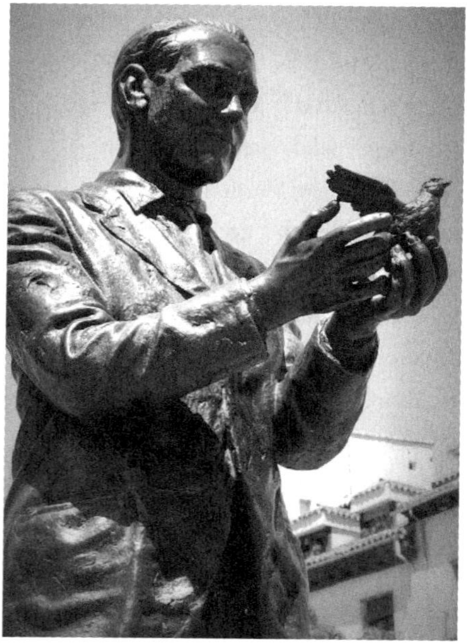
Monumento a García Lorca, Madrid

Eine Welt, in der eine Handvoll Ameisen gegen die Sonne geworfen wurde, Kristalle die Kiefern verdunkelten und Häuser wegrutschten wie Schwärme silberner Elritzen. Diese Bilder übten eine geradezu hypnotische Anziehungskraft auf Cohen aus, der er nicht widerstehen konnte. Er lebte, so erzählte er rückblickend, in diesem Moment mit den Ameisen und erlernte ihre Wege. In Lorcas Gedicht »Gacela De La Muerte Oscura«, das zu Cohens Lieblingsgedichten zählte, gibt es die Zeile: »Wenn die Nacht anbricht, bedecke mich mit einem Schleier, denn händeweise Ameisen wird die Dämmerung auf mich werfen« (»Cúbreme por la aurora con un velo, porque me arrojará puñados de hormigas«). Cohen war der Herrscher der Kristalle, ging durch die Torbögen Elviras und weinte danach. Er berührte die Häuser, zog die Hand zurück und rutschte weg wie diese silbernen Elritzen. Er habe diese Welt nie mehr verlassen, eine Welt ohne Politik, ohne Grenzen. Und lade alle dazu ein, ihn in dieser Welt zu besuchen. Man müsse nur, so sagte er oft bei seinen Konzerten, wenn er »Take This Waltz« ankündigte, das Sonnenlicht feiern, das durch das Haar unserer Lieben scheint. Das sei doch ganz einfach. Und dass das möglich sei, verdanke er dem großen spanischen Dichter Lorca. Dieser habe ihn gelehrt, dass Lyrik rein und tief sein kann und dennoch populär.

»The reason I write/ is to make something/ as beautiful as you are.« 1950, mit sechzehn Jahren, schrieb Leonard Cohen sein erstes Gedicht, als »ich mich eines Tages auf einer Veranda an einen Tisch setzte und beschloss, meinen Job zu kündigen. Ich arbeitete damals in einer Messinggießerei meines Onkels und hatte eines Morgens das Gefühl, es einfach nicht mehr auszuhalten. Ich ging auf die Veranda und fing an, ein Gedicht zu schreiben. Ich hatte das wunderbare Gefühl von Überlegenheit und Macht und Freiheit und Stärke, als ich dieses Gedicht schrieb.«

Mit achtzehn besuchte Cohen die McGill University und studierte Geisteswissenschaften. Drei Jahre später machte er Examen; inzwischen hatte er einen ersten Preis für kreatives Schreiben erhalten, was ihn mehr beeindruckte als sein universitärer Abschluss. »Ich sehnte mich nach einem halb bohemienhaften Lebensstil, einem unstrukturierten Leben; aber es sollte auch geweiht sein; eine Art Berufung.« Cohen tauchte in die Literaturszene von Montreal ein und wurde zu einer schattenhaften

Existenz in den Bars und Cafés. Zeitzeugen glauben sich zu erinnern, dass Cohen nach den Veranstaltungen immer mit der interessantesten Frau des Abends verschwand. »Ein paar von uns hatten Feuer gefangen. Wir schrieben für uns und jede junge Frau, die uns zuhörte.«

Auf der Bühne verwandelte sich der eher scheue Cohen in einen brillanten Redner und Vorleser. Schon an der Universität war er entsprechend aufgefallen und mit studentischen Posten betraut worden. Die jungen Autoren Montreals, mit denen Cohen befreundet war, brannten darauf, eine professionelle Existenz als Dichter führen zu können. Auf nächtlichen Partys und Lesungen übte und lernte man von modernen Klassikern. Schon Lorca war der Meinung gewesen, dass Gedichte rezitiert werden müssten, in Büchern wären sie leblos und vergessen. Auf Fotos aus dieser Zeit wirkt Cohen elegant mit Anzug, weißem Hemd und Krawatte, ein »Ladies'Man« (»Death of a Ladies'Man«, so heißt auch sein fünftes Studioalbum), der er zeitlebens war. Lorca mag auch hier sein Vorbild gewesen sein. Der Regisseur Luis Buñuel, ein enger Freund Lorcas seit gemeinsamen Studientagen in Madrid, beschreibt in seiner Autobiografie Lorca als »geistreich und charmant, sichtlich um Eleganz bemüht, mit untadeligen Krawatten, umwölkt und blitzend sein Blick. Seiner magnetischen Anziehungskraft konnte niemand widerstehen.« Und man darf an Cohens »The Flame« denken, wenn sich Buñuel an den Jugendfreund erinnert: »Was er auch vorlas, immer kam Schönheit über seine Lippen. Er besaß Leidenschaft, Lebenslust, Jugend. Er war wie eine Flamme.«

Westmount war inzwischen weit weg gerückt. Der mittlerweile zweiundzwanzigjährige Cohen durfte als erster in der neu begründeten Reihe McGill Poetry Series seinen Gedichtband »Let us compare Mythologies« veröffentlichen. Er beaufsichtigte die Herstellung des Bandes und verkaufte ihn selbst auf dem Campus, in Cafés und Buchläden. Die Erstauflage betrug vierhundert Exemplare. Vierundvierzig Gedichte auf neunundsiebzig Seiten, zwischen 1949 und 1954 geschrieben. Ein typisches Erstlingswerk, in dem sich die Einflüsse spiegeln, die Cohens Lebenswirklichkeit bislang geprägt hatten: die jüdische Kultur und ihre Bedrohung, der Dichter als Seher und Prophet wie im Alten Testament, Dichtung als Liturgie und Gebet, die surrealistische Bildsprache im Sog seiner Lorca-Lektüren, Eros und Thanatos, Sexualität und Verzweiflung. Auch hier ergeben sich deutliche Verbindungen zwischen Cohen und Lorca, wenn man liest, wie Salvatore Dalí seinen Freund Lorca als fleischgewordene Verkörperung der Poesie beschreibt, »verwirrt, blutrot, klebrig und erhaben, zuckend von tausend Feuern der Dunkelheit und der unterirdischen Biologie«. Lorca zelebrierte lustvoll seine Todesobsessionen und spielte seinen eigenen Tod bis ins letzte Detail den Freunden vor. Er schrieb »Sonette der dunklen Liebe« (postum veröffentlicht), interessierte sich für die Kultur der Zigeuner und den Flamenco, verehrte den spanischen Barockdichter Luis de Gongora und dessen ausufernde Metaphorik, komponierte und sammelte alte spanische Volkslieder. All dies ist der poetische Ausdruck eines vielseitig talentierten Sinnsuchers, der stets bemüht war, seine Spuren im Sand zu verwischen und sich nicht auf dem Erfolg auszuruhen.

1956 erschienen Cohens Gedichte auch auf einer LP: »Six Montreal Poets«. Cohen war dabei, sich einen überregionalen

Ruf als beachtenswertes literarisches Talent zu erarbeiten. Doch stets bekundete er seinen Respekt vor Lorca, vor dessen Talent, das ihm immer wieder seine eigenen Grenzen bewusst gemacht habe. Obwohl Lorca für ihn anfangs exotisch und sehr weit weg schien, borgte er sich seine Stimme, um die eigene Stimme zu finden. Lorcas Gedichte fand er sinnlich und geheimnisvoll, aber so konnte er seinen eigenen Weg weiter gehen, obwohl er damals selbst noch sehr jung war. Er nahm die Einladung des Dichters an, in dessen poetische Welt einzutreten. »Wir romantischen Menschen haben einen Hang zu klar umrissenen Konturen und sichtbaren Mysterien. Zu Form und Sinnlichkeit«, hatte Lorca 1928 in einem Vortrag gesagt. Das entsprach exakt Cohens ästhetischer Vorstellung. Beide sahen sich in der literarischen Tradition der Schwarzen Romantik und zelebrierten Leben und Tod, Schönheit und Vergänglichkeit.

Man hat Leonard Cohen als »Lord Byron des Rock« und als »Barden der Einzimmerapartments« geschmäht. Seine Musik sei so melancholisch und deprimierend, dass man sie nur bei schlechtem Wetter hören könne. Wer sich das Leben nehmen wolle, möge sich eines seiner Alben auflegen, das helfe. Die Grabesstimme, mit der er seine Klagelieder vortrage, klinge nur langweilig und monoton, seinen Texten fehlten Humor und jegliche Lebensfreude. Cohen hat sich zeitweilig gegen seinen Ruf, immer so furchtbar ernst und schwermütig zu sein, energisch gewehrt. Trotzdem gesteht er schon am Anfang seiner Karriere ein, wie Lorca häufig unter Angstzuständen gelitten zu haben und deshalb stets auf der Suche nach Lebenskonzepten gewesen zu sein, die seinem Weg Orientierung und Rahmen geben könnten. »Ich hatte noch nie das Gefühl, eine echte Wahl gehabt zu ha-

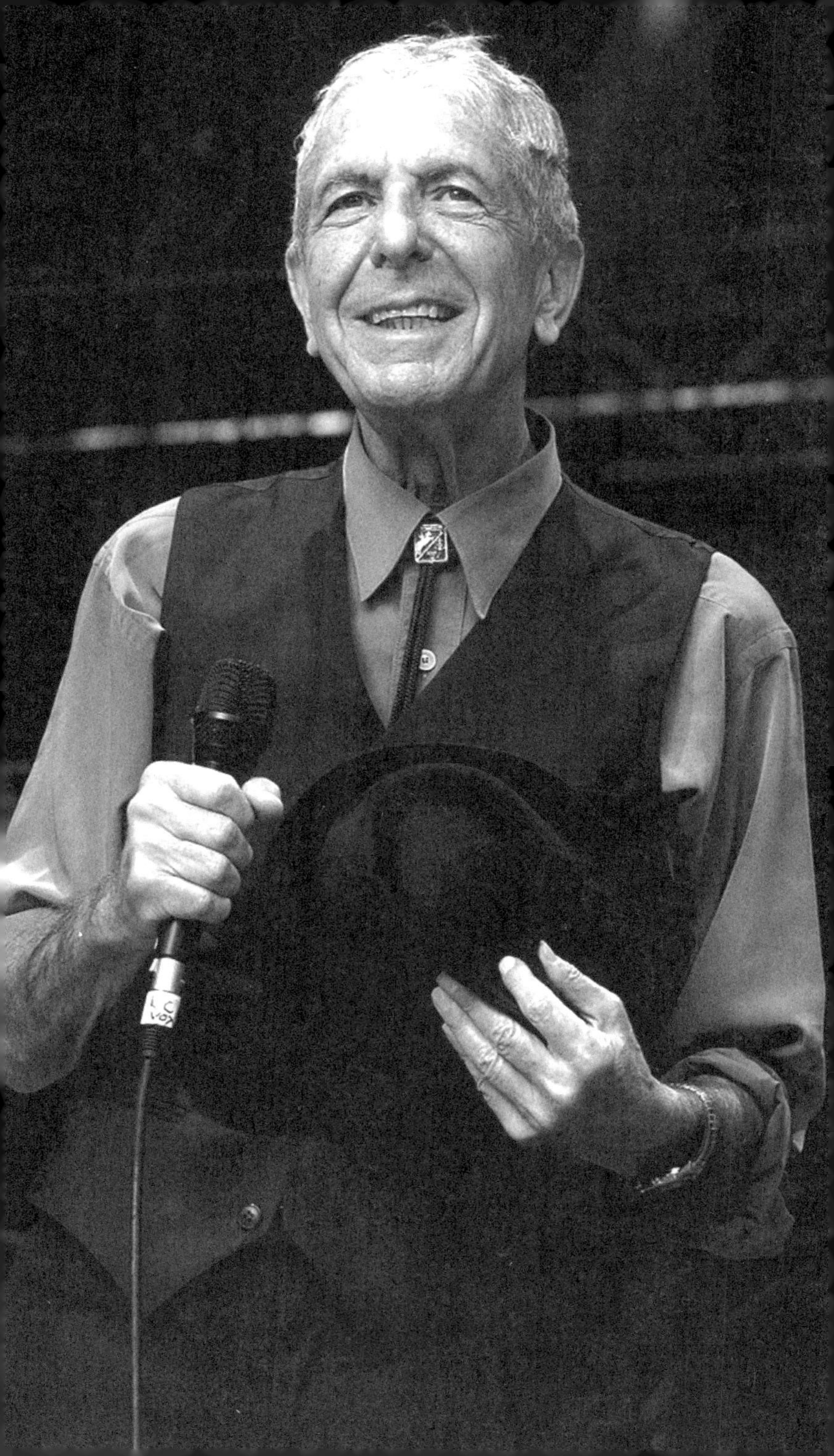
L C
VOX

ben. Ich las inmitten höchster Bedrängnis. Ich suchte Trost und Geborgenheit. Ich glaube nicht, dass wir in dieser Welt wirklich getröstet werden können. Es liegt nicht in ihrer Natur.« Das Schreiben fiel ihm niemals leicht. Seinem eigenen Bekunden nach konnte er sich die Themen und Stoffe nicht aussuchen, sie hätten sich ihn ausgesucht. Auf diese Weise seien alle seine Gedichte und Lieder entstanden.

Wir kennen von Cohen zahllose Texte, in denen er sich in radikaler Subjektivität der äußeren Welt verweigert, von seinem Scheitern spricht und in sexuell aufgeladenen Bildern mit dem Tod kokettiert. Dabei hatte er zumindest anfangs den Eindruck, dass alles, was er gerade schrieb, schlicht und ergreifend schön war und so den Zugang zu allen Ideen eröffnete. »Ich dachte, der objektive, aufgeschlossene Leser würde verstehen, dass sich die Gegenüberstellung von Spiritualität und Sexualität aus sich selbst heraus rechtfertigte. Für mich war es die Gegenüberstellung, aus der diese besondere Schönheit, diese lyrische Qualität, entstand.« Doch spätestens in der Begegnung mit den Beatniks, deren literarische Texte obszön und anarchisch waren und vor allem dem Ausdruck der eigenen Freiheit verpflichtet schienen, eröffnete sich ihm eine Gegenwelt, die ihn nachweislich beeindruckte. Der im Vergleich zu Ginsberg, Corso, Burroughs und Kerouac jüngere Cohen galt damals als relativ angepasst und traditionell, ein Vertreter einer literarischen Konvention, die sich von den wilden Experimenten dieser Subkultur erkennbar abgrenzte. Als Cohen im Dezember 1957 eine Lesung von Jack Kerouac im Village Vanguard in New York besuchte und den sichtlich betrunkenen Kerouac mit einer Jazzband auf der Bühne agieren sah, gefiel ihm dieser Auftritt. Trotzdem blieb Cohen für sich, ein Außenseiter, der herumstreifte und viel aufsog, aber seinen eigenen Weg ging. Er gewöhnte sich daran, »viel Zeit allein zu verbringen, zu sterben. Mich selbst langsam sterben zu lassen.«

In allen Gedichtbänden Cohens finden sich Bilder der Zerstörung und Auflösung, verzweifeltes Irrlichtern zwischen spirituellen und sexuellen Erfahrungen, scheinbare Antworten, die neue Rätsel aufgeben, radikale Demontagen literarischer Formen und Konventionen. Lorcas Dichtung hingegen speist sich aus dem Volkslied und verknüpft literarische Tradition mit der Moderne. Viele seiner Bilder entspringen den Erinnerungen an seine Kindheit in Andalusien: die Landschaft, die Tiere, die Kinder, die Fischer und Seeleute, die er kannte, die jährlichen Feste und die feierlichen Prozessionen. 1898 als Sohn eines wohlhabenden Landwirts und einer Grundschullehrerin in der Nähe von Granada geboren, in Fuente Vaqueros, erlebte er die gastfreundliche Kultur dieser Gegend, in der man zu Klavier oder Gitarre sang und Geschichten erzählte. Später wird er sagen, dass er den »Geschmack von Erde« mit seinen frühen Jahren verbinde. Er liebte Granada und seine Umgebung wie eine Geliebte und pries zeitlebens »die würzigen Stunden«, die er dort verbringen durfte: »Ich glaube, dass meine Herkunft aus Granada mir Sympathie und Verständnis für all diejenigen eingegeben hat, die verfolgt werden, für den Zigeuner, den Neger, den Juden, für den Mauren, den jeder Granadiner in sich trägt.«

Andalusische Balladen und Zigeunerlieder prägen zu einem erheblichen Teil Lorcas poetisches Werk, viele Zwischentöne und Anspielungen sind vermutlich nur den Einheimischen zugänglich. Immer wieder tauchen in den Gedichten Olivenbäume, Jasmin, Feigenbäume, Salzgruben, der Geruch der Wüste, die kleinen Marktplätze, die Pferde und Esel in den Bergen auf, fast wie in einer Idylle, aber nie als reine Versatzstücke oder Requisiten einer Landschaft, sondern stets eingebunden in das tätige Leben der Menschen der Sierra. Und doch stehen sie, geradezu symbolisch, über der realen Lebenswelt, wie Lorca sie kannte. Dieses Lebensgefühl fasste Lorca in dem Begriff »duende« zusammen, kaum übersetzbar, meint er einen besonderen Gefühlszustand, eine hochgradige Erregung, oder wie Lorca es umschrieb, eine mysteriöse Kraft, die jeder fühlt, aber kein Philosoph erklären kann – wohl die Seele der Erde.

Zu Cohens unzähligen Exaltationen darf man wohl auch die Episode zählen, als er in einem seltsamen Anflug von Kriegsbegeisterung und Heroismus im April 1961 spontan nach Kuba reiste, um sich für die Revolution Fidel Castros einzusetzen. Getrieben von einem »tief greifenden Interesse an Gewalt« spazierte Cohen, in soldatischer Kleidung, mit dem Jagdmesser seines Vaters und einem Notizbuch durch die Straßen Havannas und wollte herausfinden, »was es für einen Mann bedeutete, Waffen zu tragen und andere Menschen zu töten, und ich wollte wissen, wie sehr mich dieser Prozess faszinierte. Das ist einigermaßen nahe an der Wahrheit. Richtig wahr ist, ich wollte töten oder getötet werden.« Cohen fand die Situation zwei Jahre nach dem Ausbruch der Revolution spannend; die kubanische Gesellschaft war komplett im Umbruch begriffen, allerdings nicht unbedingt so, wie sich Cohen das in seinen idealistischen Träumen vorgestellt hatte.

Wie sein Vorbild Lorca im Hinblick auf den Spanischen Bürgerkrieg fand er offenbar Gefallen an der Idee, die revolutionären Vorgänge in Kuba in einem Roman zu dokumentieren, mit dem Arbeitstitel »The Famous Havanna Diary«: »Ich flog da runter. Ich habe keine Ahnung, inwieweit ich die Revolution unterstützte. Ich hatte diese mythischen Vorstellungen vom ruhmreichen Bürgerkrieg im Kopf. Ich dachte, vielleicht sei dies mein spanischer Bürgerkrieg, doch es war eine sehr schäbige Unterstützung. Es war eigentlich mehr Neugier und Abenteuerlust.«

Lorca war von seinen Eltern, die sich Sorgen um seine Depressionen machten, 1929 nach New York und anschließend nach Kuba geschickt worden. Kuba erschien Lorca ebenfalls als mythischer Ort, erinnerte ihn an die Zigarrenkisten des Vaters, an Volkslieder und hymnische Gesänge über die Liebe. Er genoss das Leben in vollen Zügen, besuchte viele Partys und lebte seine homosexuellen Neigungen aus. Wenige Monate vor seinem Tod 1936 umriss er nochmals seine Position: »Ich werde nie politisch sein. Ich bin revolutionär, weil es keinen echten Dichter gibt, der kein echter Revolutionär ist.« Selbst aus einer linksliberalen Familie stammend, engagierte sich Lorca für die junge spanische Demokratie und unterstützte kulturelle Projekte wie das Wandertheaterkollektiv La Barraca.

Cohen machte andere Erfahrungen. Rührend komisch ist die Anekdote, nach der sich seine Mutter um ihn Sorgen machte und über diplomatische Kontakte ihren Sohn in die kanadische Botschaft in Havanna einbestellen ließ. Als am 17. April 1961 die amerikanische Armee ihre Invasion in der Schweinebucht startete, befand sich Cohen aber immer noch in Havanna und wurde als Konterrevolutionär festgenommen. Nur aufgrund glücklicher Umstände gelang ihm die Flucht und er konnte nach

Kanada ausfliegen. Rückblickend hat er diese Eskapade als »blödes männliches Vergnügen« bezeichnet und einen Abgesang auf Fidel Castro in seinem Gedicht »Death of a Leader« verfasst.

Nachdem er 1971 mit seinem dritten Album »Songs of Love and Hate« den Ehrendoktor der Universität Halifax eingeheimst, aber schlechte Kritiken erhalten hatte, ging er im Jahr darauf auf seine zweite Europatournee und auch nach Israel. Trotz rekordverdächtiger Besucherzahlen plagten ihn Selbstzweifel, und er griff wieder zu Drogen. Mit »New Skin for the Old Ceremony« (1974) wagte er einen Neuanfang, experimentierte mit jungen Musikern in lockerer Atmosphäre und versuchte dabei, wie er sich ausdrückte, »das Singen wieder zu lernen«. Es folgte im gleichen Jahr seine dritte und längste Europatour mit zahlreichen Konzerten in Spanien, wo er besonders gerne spielte und seinem Vorbild Lorca beim Konzert in Barcelona huldigte. Im selben Jahr, im September 1974, wurde sein zweites Kind, die Tochter Lorca Sarah, geboren. Daran sehe man, sagte Cohen, dass Lorca keine beiläufige Erscheinung in seinem Leben gewesen sei.

Als Cohen eines Tages gefragt wurde, ob er ein Gedicht von Lorca vertonen wolle, machte er sich mit einer Freundin aus Costa Rica an die Übersetzung von »Pequeño Vals Vienés« und benötigte dafür nach eigenen Angaben einhundertfünfzig Stunden, weil Lorca seiner Einschätzung nach ein sehr komplexer, tiefgründiger und damit schwer zu übersetzender Autor war. Es ist eine freie Übersetzung, die trotzdem dicht am Original bleibt. Der Sänger versteckt etwas in diesem leise und traurig wirbelnden Walzer, vielleicht seine alten Wunden und Narben. Seine raue Stimme erzählt, wie fast immer, von Liebe und Tod.

Als ihm Lorcas Schwester Isabel, zu der er seit seinem Besuch in Granada im Oktober 1986 ein freundschaftliches Verhältnis pflegte, zur Übersetzung gratulierte, zeigte sich Cohen sehr dankbar und erfreut.

In einer Hommage an Lorca hat sich Cohen für die spanische CBS an einem Tribute-Album (»Poets in New York«, 1986) mit dem Liebeslied »Take This Waltz« beteiligt, das eben auf Lorcas Poem »Pequeño Vals Vienés« basiert. Ein Liebeslied der besonderen Art, das in Spanien 1986 Platz 1 in den Charts eroberte. Die Zeile »There's a tree where the doves go to die« geht zum Beispiel auf Lorcas Zeile »y un bosque de palomas disecadas« zurück. Bei den Dreharbeiten zu einem Werbevideo für die Platte, das in Granada gedreht wurde, machte Cohen mehrere Minuten lang einen Kopfstand, weil er der Meinung war, dass »wir hier nicht in der Kirche sind, und ich fand, dass wir etwas Wilderes, Surreales machen sollten. Das ist es, was wir Lorca zu verdanken haben – Surrealismus.« Cohen hat den Song dann 1988 in einer leicht veränderten Version auf seinem Album »I'm Your Man« veröffentlicht, in der er Violinen einsetzt und mit Jennifer Warnes ein Duett singt.

Lorca war nur einmal in Amerika und da auch ausschließlich in New York, 1929. Er mochte die Stadt nicht besonders, sie liege unter »einem Himmel voller Gesetze und Zahlen«, wie er schrieb, aber er fand zumindest Harlem elektrisierend und voller Energie und entdeckte dort den Jazz. Auch der East River gefiel ihm, wenn er nur nicht so von der Industrie verschmutzt worden wäre. Amerika würde ertrinken in einer Welt der Maschinen und des Lärms, so Lorca. Je länger er in New York war, umso mehr sehnte er sich nach dem einfachen Leben in Andalusien.

»Poeta En Nueva York« heißt die Gedichtsammlung Lorcas, die er nach seiner Rückkehr aus Amerika und Kuba 1929 und 1930 schrieb, die aber erst postum 1940 veröffentlicht wurde. Lorca hat sich auch selbst gezeichnet, eingeklemmt zwischen Wolkenkratzern, nicht sehr fröhlich, während ringsum spanische Pferdchen springen. Lorca war einsam, von Schattenwesen umgeben und mit sich selbst unzufrieden. Eine existentielle Lebenserfahrung, die Leonard Cohen mit ihm teilte.

»Thank you for keeping his house open«, schrieb Cohen bei seinem Besuch des Geburtshauses von Federico García Lorca, der Huerta de San Vicente, am 3. Oktober 1986 ins Gästebuch und hinterließ eine kleine Zeichnung mit zwei ineinander verschränkten Herzen, einem sie beide durchbohrenden Pfeil und den jeweiligen Initialen. Es gibt ein Foto, das Cohen an Lorcas Kinderbett zeigt. Cohen hat in diesen Tagen auch ein Video aufgenommen, das ihn bei diesem Besuch von Lorcas Sommerdomizil im Südosten von Granada zeigt. Hier schrieb Lorca einige seiner bekanntesten Werke. Das Gebäude dient heute als Museum und behielt den ursprünglichen Charakter aus kleinem Bauernhof, Obstplantage und Handelsgärtnerei bei: »Paradies, für viele verschlossen, Gärten, für wenige offen.« Im Salon hörte Lorca auf dem Grammophon Bach, Mozart und die Sänger des Flamencos, im Obergeschoss schrieb er seine Stücke, Gedichte und viele Briefe. Als er am Morgen des 14. Juli 1936 sein Elternhaus erreichte, auf der Flucht vor den Faschisten, dauerte es nur noch sechs Tage, bis auch Granada in die Gewalt der Putschisten fiel. Auf der Suche nach dem »Schwulen mit der Fliege« wurden Lorcas Familie und seine Freunde bedroht; am 16. August scheiterten alle Bemühungen, ihn vor den Schergen in Sicherheit zu bringen. Zwei Tage später wurde er mit drei weiteren Gefangenen erschossen, auch »weil er schwul war«, wie einer seiner Mörder stolz verkündete. In den ersten Jahrzehnten der Diktatur waren Lorcas Bücher und Aufführungen seiner Stücke in Spanien verboten. Das Regime versuchte, Lorca aus dem öffentlichen Gedächtnis zu tilgen. Das gelang über viele Jahrzehnte. Heute gilt Lorca als der wichtigste spanische Autor seiner Generation.

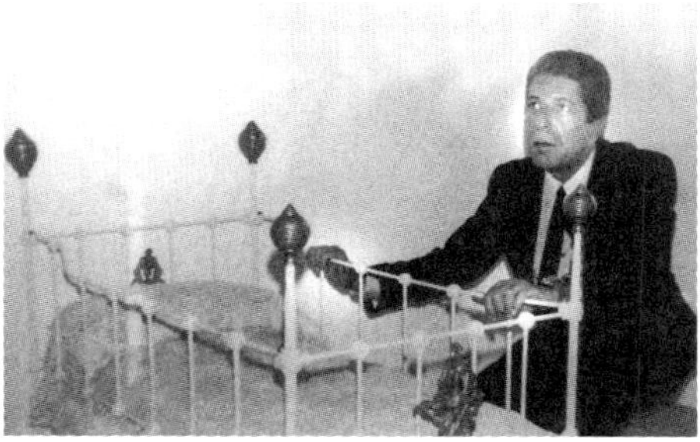

Leonhard Cohen am Kinderbett von Federico García Lorca

Cohen hatte bei seinem Besuch in Granada über seinen spanischen Übersetzer Alberto Manzano auch den Sänger und Flamenco-Gitarristen Enrique Morente kennen gelernt und sich mit ihm angefreundet. Dieser hörte Strukturen des Flamencos in Cohens Musik, und Cohen wiederum machte Morente auf Lorca und seine Dichtung aufmerksam. Aus dieser Begegnung resultierte das Omega-Projekt, eine Platte mit der Rockband Lagartija Nick. Darauf interpretiert Morente drei Songs von Cohen (»Manhattan«/ »Sacerdotes«/ »Aleluya«) und Texte von Lorca (»Omega«/ »Pequeño Vals Vienes«/ »Solo Del Pastor Bobo«/ »La Aurora De Nueva York«/ »Miña Ahogada En El Pozo«/ Adán«/ »Vuelta De Paseo«/ »Vals En Las Ramas«/ »Norma Y Paraiso De Los Negros«/ »Ciudad Sin Sueño«). Im Band »The Flame«/ »Die Flamme« (2018) gibt es eine Hommage an Morente, in der Cohen seinem Freund

und Musikerkollegen huldigt: »Wenn ich Morente höre/ Weiß ich, was ich tun muss/ Wenn ich Morente höre/ Weiß ich nicht mehr, was zu tun ist/ […] Wenn ich Morente höre/ Kapituliere ich vor meiner faden Phantasie.«

2011 wurde Cohen mit dem Prinz-von-Asturien-Preis für Geisteswissenschaften und Literatur ausgezeichnet, der mit fünfzigtausend Euro und einer Skulptur von Joan Miró dotiert ist. Die Preisverleihung fand in Oviedo statt. Cohen wurde für ein literarisches Gesamtwerk ausgezeichnet, in dem sich Dichtung und Musik in einem Œuvre von unveränderlichem Wert verbinden. In seiner Dankesrede vor der spanischen Königsfamilie und einer Nichte Lorcas sagte Cohen: »Sie kennen meine tiefe Verbundenheit mit dem Dichter Federico García Lorca. Als ich ein junger Mann war, ein Heranwachsender, hungerte ich nach einer Stimme. Ich studierte die englischen Dichter und kannte sie gut, kopierte ihren Stil, aber ich konnte diese Stimme nicht finden. Nur durch das Lesen der Gedichte von Lorca, obwohl es nur Übersetzungen waren, fand ich diese Stimme. Ich würde es nie wagen, diese Stimme einfach nur zu kopieren. Aber er gab mir die Erlaubnis, eine Stimme zu

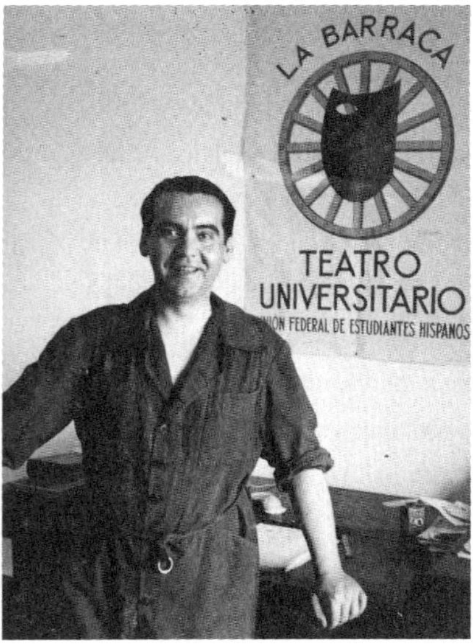

Federico García Lorca

finden. Eine eigene Stimme zu finden, heißt, sich selbst zu verorten, eine Identität, die nicht festgeschrieben ist, sondern um ihre Existenz kämpft. Als ich älter wurde, sah ich, dass mit dieser Stimme auch bestimmte Regeln auf mich zukamen. Die Regel besagte, niemals ohne Grund zu klagen. Und wenn jemand die große unabweisbare Niederlage, die uns alle erwartet, ausdrücken will, muss es mit den klaren Formen von Würde und Schönheit geschehen.« Man weiß zwar um Cohens Nähe zu europäischen Dichtern wie James Joyce, François Villon, Lord Byron und William Butler Yeats, aber Lorca war von allen der Wichtigste für ihn. Aus Lorcas Melancholie entstand Cohens Melodie der Sehnsucht. Alles, was sein Werk ausmache, sei von Andalusien inspiriert. So schwärmte er vom Geruch seiner Gitarre, die aus jenem Zedernholz gemacht wurde, das hier wachse.

»Lorca«, so Leonard Cohen, »hat mich erzogen. Er war mein Lehrer darin, die Würde des Schmerzes zu erkennen und ihn mit Stolz und Hingabe zu verstehen. Lorca habe ich es zu verdanken, dass ich mich für Spanien und seine Geschichte interessiere. Sein Werk wurde zu meiner Bibel.«

PS: Joni Mitchell sagte 2005 in einem Interview: »Kurze Zeit gefiel mir Leonard Cohen, doch nachdem ich Camus und Lorca gelesen hatte, wurde mir klar, dass er viele Zeilen aus ihren Büchern entlehnt hatte, und das fand ich enttäuschend.«

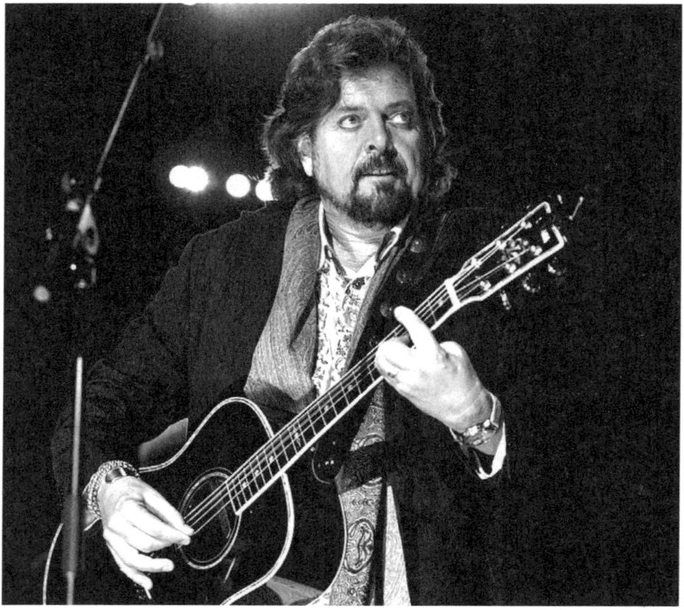

# Der große amerikanische Roman

*The Alan Parsons Project //*
*Lou Reed und Edgar Allan Poe*

1849 starb Edgar Allan Poe in Baltimore eines rätselhaften Todes. Er war bewusstlos aufgefunden worden, völlig verwahrlost und schwerkrank. Es ging das Gerücht um, dass ihn Wahlhelfer, so wie das seinerzeit durchaus häufiger geschah, betrunken gemacht hätten, um ihn gewaltsam zur Stimmabgabe für eine bestimmte Partei zu zwingen. Poe, ohnehin von Alkohol und Opium geschwächt, brach zusammen und wurde von einem Freund ins Krankenhaus gebracht. Dort wurde er von Krämpfen und Fieberanfällen gebeutelt; angeblich »wandte er sich an phantastische eingebildete Wesen, die er an den Wänden sah«, und schrie, man möge ihm eine Kugel in den Kopf jagen. Am nächsten Morgen, gegen fünf Uhr, soll er »Gott helfe meiner armen Seele« geflüstert haben und verstorben sein. An seinem Grab sagte der Pfarrer, die Nachricht von Poes Tod werde viele erschrecken, aber nur wenige mit Kummer erfüllen. Diese Geringschätzung verfolgte Poe stets in seinem kurzen, elenden Leben; er galt als Außenseiter und Sonderling, kaum jemand vermisste ihn. Bis ihn der französische Dichter Charles Baudelaire (1821–1867) als Seelenverwandten und poète maudit entdeckte und übersetzte.

Es ist natürlich tragisch, dass die weltweite Anerkennung bei Lesern und Kollegen erst nach seinem Tod einsetzte. Poe inspirierte mit seiner melancholischen Weltsicht Dostojewski, Herman Melville, Joseph Conrad, Oscar Wilde und Jules Verne, aber als Erfinder der Detektivgeschichte natürlich auch Alfred Hitchcock, Agatha Christie und Georges Simenon. Von Arthur Conan Doyle. dem Schöpfer des Sherlock Holmes, stammt die Aussage: »Wenn jeder Autor, der ein Honorar für eine Geschichte erhält, die ihre Entstehung Poe verdankt, den Zehnten für ein Monument des Meisters abgeben müsste, dann ergäbe das eine Pyramide so hoch wie die von Cheops.« Kafka und Borges haben ihn gelesen, er hat Generationen das Fürchten gelehrt, Fantasien befeuert und als Meister des Unheimlichen mit seinen literarischen Albträumen viele um den Schlaf gebracht. Arno Schmidt, der ihn übersetzt hat, nannte ihn »einen der Kirchenväter der modernen Literatur«. Der »roman noir«, die dunkle Seite der Literatur, ist ohne Poe überhaupt nicht denkbar. In seinen Erzählungen thematisiert er auf höchst spannende Weise die grundlegenden Fragen moderner Existenz wie Einsamkeit, Zerfall und Entfremdung. Bei ihm findet man häufig den »unzuverlässigen Erzähler«, der selbst Verbrechen begeht und mit Freude davon berichtet.

Außerdem hat Poe das wohl bekannteste Gedicht der USA geschrieben: »The Raven« (1845). Das Gedicht erzählt in achtzehn Strophen von einem um seine Geliebte trauernden Mann, der nachts Besuch von einem Raben bekommt. Auf alle Fragen des Mannes antwortet der Vogel stets nur »Nevermore«. Als böses Omen und Nemesis zugleich hockt das Tier auf einer Büste im Zimmer und treibt den Mann mit diesem einen Wort in die Verzweiflung. »Der Liebende«, so Poe, »findet ein rasendes Vergnügen daran, seine Fragen so zu stellen, dass ihm das erwartete »Nevermore« die unerträglichsten und darum köstlichsten Schmerzen bereitet.« Poe hat viele Jahre an diesem Gedicht gearbeitet und über diese Entstehungsphase den poetologisch einflussreichen Text »Die Philosophie der Komposition« (1846) veröffentlicht. In dem Essay propagiert Poe die höhere Wirklichkeit der Poesie, die nicht nachahmt, sondern in der Imagination das reine Bild und den reinen Klang erzeugt und damit das Gedicht zum autonomen Text erhebt. Immer wieder ist es ein Rabe, der durch viele Geschichten und Gedichte der Literaturgeschichte geistert und auf Edgar Allan Poes stilbildendes Gedicht verweist.

Poe hatte früh seine Eltern verloren, seine lungenkranke Mutter starb, als er zwei Jahre alt war. Eine Nacht verbrachte er allein mit ihrer Leiche, der Anblick sollte ihn sein Leben lang verfolgen. Nachdem er bei Pflegeeltern aufgewachsen war, studierte er, begann zu trinken und zu spielen, veröffentlichte erste Gedichte, wurde mit achtzehn Jahren Berufssoldat und mit zweiundzwanzig entlassen. Mit siebenundzwanzig heiratete Poe seine Cousine Virginia, die erst dreizehn Jahre alt war. Es folgte ein Leben in Armut und Tristesse. Das Paar bewohnte eine Kammer, in der Virgina an offener Tuberkulose sterben sollte wie seine Mutter. In der Erzählung »Die Maske des Roten Todes« (1842) dürfte Poe diese Erfahrung verarbeitet haben: Ein Prinz zieht sich mit seiner Entourage in sein Schloss zurück,

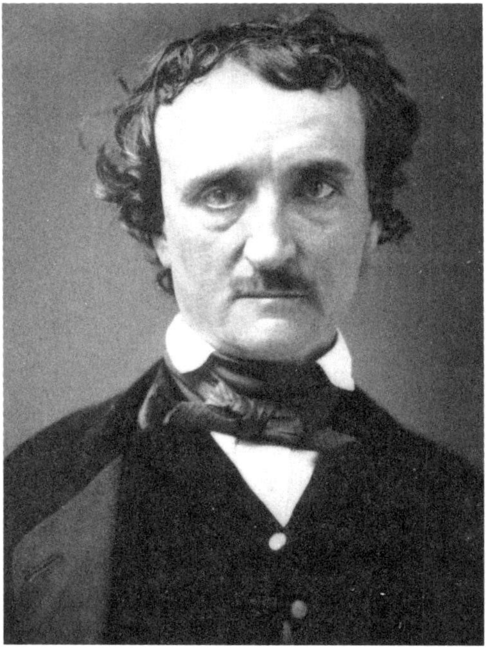

Edgar Allan Poe

verrammelt es gegen die im Lande wütende Pest und feiert mit den Gästen ein immerwährendes Fest. Bei einem Maskenball taucht eine unbekannte Gestalt mit Totenmaske und Leichenmantel auf und geht durch die sieben Festsäle des Palasts bis in den letzten, der mit schwarzem Samt ausgeschlagen ist. Als dort eine riesige Uhr die Mitternacht einläutet, entlarvt sich die Gestalt als der »Rote Tod« – und die Gäste sinken einer nach dem anderen blutüberströmt zu Boden. »Schattenhaft und vage« nannte Poe die Grenze zum Jenseits, der Tod blieb in seinem Leben stets allgegenwärtig, die Angst verfolgte ihn Schritt für Schritt.

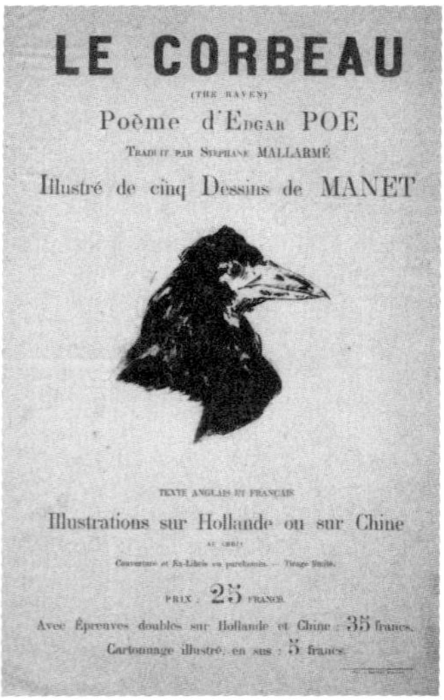


Mit einem untrüglichen Gespür für perfekte Dramaturgie und absolute Spannung ausgestattet, erzählt Edgar Allan Poe von den perfidesten und abstrusesten Verbrechen und begründet damit die moderne Kriminalliteratur. Ob er in »Die Grube und das Pendel« (1842) mit extremer Kälte und minutiöser Genauigkeit die Ohnmacht und Verzweiflung eines Opfers beschreibt, das einem sadistischen Ingenieur des Grauens ausgeliefert ist. Ob er mit dem »Goldkäfer« (1843) vorführt, wie man eine Geheimschrift entziffert oder einen Orang-Utan des »Doppelmords in der Rue Morgue« (1841) überführt. Ob er in »Berenice« (1835) die namensgebende Cousine des Erzählers lebendig begraben und ihr die Zähne ausbrechen lässt, Gepräche mit einer Mumie führt, von Mördern, Rächern und ihren Opfern erzählt – am Ende wartet immer der Tod und dem Leser bricht noch heute regelmäßig der Angstschweiß aus.

»Man hat mich einen Wahnsinnigen genannt«, heißt es in »Eleonora« (1841). »Aber es ist eine noch ungelöste Frage, ob nicht der Wahnsinn die höchste Stufe der Geistigkeit bildet und ob nicht vieles Erhabene, ja alles Tiefsinnige auf Kosten einer geistigen Erkrankung oder einer den gemeinen Verstand übersteigenden Gemütsschwankung geht.«

Der Mörder in »Das verräterische Herz« (1843) legt Wert darauf, für voll genommen zu werden: »Wahrhaftig, nervös, furchtbar nervös war ich und bin ich; aber warum besteht ihr darauf, dass ich wahnsinnig sei? Die Krankheit hat mir die Sinne nicht abgestumpft oder zerstört, sondern geradezu verfeinert.« Und der Erzähler der »Flaschenpost« (1833) bittet nachdrücklich darum, seine »unglaubhafte Geschichte« nicht als »den ungezügelten Ausfluss wilder Fantasterei« zu verstehen, sondern als den »exakten Erfahrungsbericht eines nüchternen Geistes«.

Mit seinen Geschichten stellt Poe die alte Ordnung und Sitte und Moral in Frage, wie es seinen Erfahrungen im puritanischen Amerika dieser Jahre entsprungen ist. Poe unterscheidet auch nicht zwischen richtig und falsch, sondern führt in die Zwischenräume der Empfindungen und des Verstandes. Das Entsetzen, der Verfall, die Krankheit, der Schatten und der Tod – sie kommen meist schleichend in der Nacht. Nichts deutet auf Rationalität und Analyse hin. Die Dämonen sind am Werk, der Wahnsinn greift um sich, suggestiv und geradezu hypnotisch zieht uns Poe in den Sog unserer Abgründe. Jeglicher Widerstand scheint zwecklos. Alles ist dem Untergang anheim gegeben.

Poe radikalisierte seine schwarze Romantik mit der Ahnung, dass eine Versöhnung mit der Schöpfung nicht möglich sei. Poe dachte in Extremen, suchte das Böse wie das Schöne in ihrer vollendeten Form. Die Welt als Jammertal, mit Verbrechern, Kerkern, Gefängnissen und Friedhöfen: »Verachtung aller gegenwärtigen Dinge bei ernstestem Verlangen nach Zukunft«. Es gibt aber auch die Welt als schöne Landschaft, als Garten Eden, wie in der Erzählung »Der Park von Arnheim« (1847). Aber wenn man die Geschichte vom Untergang des Hauses Usher liest, hat die Natur auch immer etwas Bedrohliches und Unheimliches, als würde der Mond die Katastrophe forcieren. Poe wollte die Menschen ausleuchten, um sie verstehen zu können. In »Der Mann der Menge« (1840) folgt der Erzähler einem Unbekannten durch London, um hinter sein Geheimnis zu kommen. Aber der Mann flieht immer weiter, er scheint rettungslos verloren, der Erzähler erreicht ihn nicht. Am Ende stellt sich die Frage, ob es den Unbekannten wirklich gegeben hat oder ob er nicht vielmehr eine Projektion des Erzählers war, der, in völliger Einsamkeit, sich selbst verfolgt hat. Am Ende geht man, wie in »Die Maske des Roten Todes«, in einer menschenleeren Welt nur noch mit dem Tod spazieren. Das ist das Ende der Welt. Vielleicht aber auch die absolute Freiheit.

Die Rettung bringen in der Welt des Edgar Allan Poe die Grenzgänger, die intelligenten Detektive wie C. August Dupin, der das Böse aufdecken und besiegen kann. Die sich in den verbrecherischen Geist einfühlen können, in die Tiefen der Seele. »Sie, die bei Tage träumen, haben Kenntnis von manchen Dingen, welche denen entgehen, die nur bei Nacht zu träumen pflegen«, heißt es in »Eleonora«.

Mit »All that we see or seem/ is but a dream within a dream« und der Sprechstimme von Orson Welles beginnt »Tales of Mystery and Imagination Edgar Allan Poe«, das 1976 erschienene Debütalbum von Alan Parsons und Eric Woolfson, besser bekannt als The Alan Parsons Project. Weitere Mitwirkende sind David Paton und Stuart Tosh von der Gruppe Pilot, Arthur Brown, John Miles, Mitglieder der Band Ambrosia, der Produzent und Dirigent Andrew Powell, der Gitarrist Ian Bairnson, der Schauspieler Leonard Whiting, der durch seine Zusammenarbeit mit dem Regisseur Franco Zeffirelli bekannt wurde, Terry Sylvester von The Hollies, Francois Monkman von Curved Air und Laurence Juber von der Band Wings. Mit diesen hellen Stimmen und dem sinfonischen Syntheziser-Rocksound erreichte das Album, das einige Texte Poes wie »The Raven«, »The Tell-Tale Heart«, »The Cask of Amontillado« (1846), »The System of Doctor Tarr and Professor Feather« (1845) und »The Fall of the House of Usher« (1839) musikalisch adaptiert, zwar nie jene düster-melancholische Stimmung, die man mit der Erzählwelt Poes assoziiert, trotzdem gilt das Album als Meilenstein der Rockgeschichte.

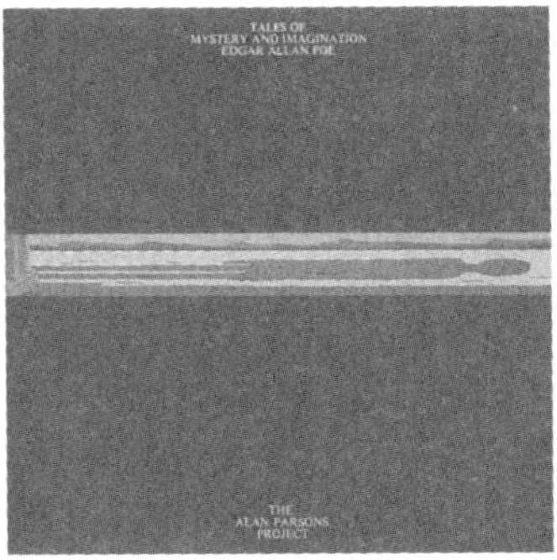

Das Album wurde 1975 in den Londoner Abbey Road Studios aufgenommen, wo Alan Parsons als Toningenieur bereits an so berühmten Alben wie »Abbey Road«, »Let it Be« und »The Dark Side of the Moon« mitgewirkt hatte. Schon als Jugendlicher hatte sich Eric Woolfson für die Verfilmungen der Poe-Erzählungen interessiert und als er hörte, dass all diese Filme auch an der Kinokasse erfolgreich waren, wollte er, mittlerweile ein erfolgreicher Komponist und Arrangeur, seinen Kindheitstraum endlich wahr werden lassen. Es gelang ihm, Alan Parsons in der Kantine des Abbey Road Studios für sein Projekt zu begeistern. Es ranken sich einige Anekdoten um die Aufnahme dieses Konzeptalbums wie der Umstand, dass für den »Usher«-Titel ein donnerndes Gewitter gebraucht wurde, es aber tagelang nur bestes Wetter in London gab. Und als es endlich krachte, klatschte der Regen zu laut auf die Mikrofone. Eine Abdeckung musste her. Die nahe U-Bahn störte mit ihrem Rumpeln die Aufnahmen, ständig musste unterbrochen werden.

Wie bei einer Oper stülpt sich der majestätische Sound über die Gesangsstimmen, mal schwülstig, mal rockig, Kaskaden von Streichern ertönen, die Texte gibt es nur fragmentarisch oder als Zitat. Parsons und Woolfson sind eher Soundtüftler und keine Songwriter im engeren Sinne. »Der erste Schritt war«, so Woolfson, »dass ich gerne ein Album über Edgar Allan Poe machen wollte und dachte, wenn man das Talent von Alan Parsons nähme, dazu meine Songs und das Ganze kombinieren würde in einer Art und Weise, wie Stanley Kubrick oder Alfred Hitchcock einen Film machten, wo die Produktion entscheidend ist und nicht das Ego eines Musikers. Und das war der Anfang des Alan Parsons Project.«

Knapp dreißig Jahre später, 2003, erschien das neunzehnte Studioalbum von Lou Reed mit dem Titel »The Raven«, basierend auf der 2000 am Hamburger Thalia-Theater uraufgeführten Oper »POEtry«, die er zusammen mit dem Theaterregisseur Robert Wilson geschrieben hatte. Gleichsam der Soundtrack zum Stück mit so illustren Gästen wie Laurie Anderson, David Bowie, Ornette Coleman, Antony Hegarty, Steve Buscemi, Willem Dafoe und The Blind Boys of Alabama. »Ich führe ihr Blut meinen Melodien zu«, so Reed über seine musikalische Deutung der Geschichten und Gedichte von Edgar Allan Poe.

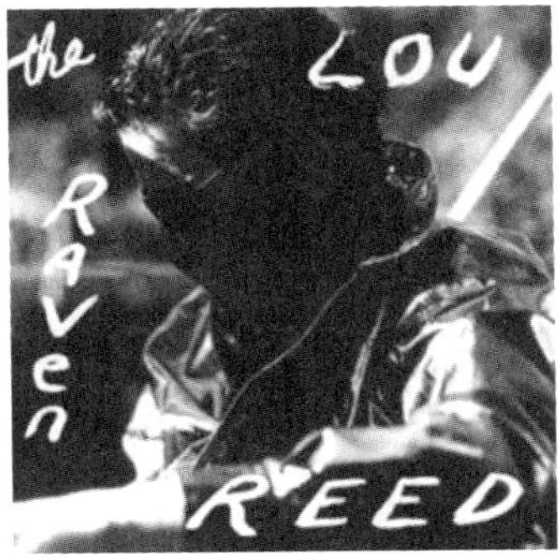


Das Album ist eine Zumutung. Als anstrengendes Hörerlebnis, als eines seiner gewagteren Alben wurde es gefeiert und verflucht. Die Veröffentlichung polarisierte die Kritik. Von einem der meistunterschätzten Alben mit seiner »klaustrophobischen, wohliggruseligen Verneigung vor Edgar Allan Poe« war die Rede, von einer »fragwürdige Angelegenheit«, einem »aufgemotztes Rock-Musical«, einem »musikalische Verbrechen«. Lou Reed hat »The Raven« »einen Film für den Kopf« genannt. Was immer er auch damit meinte, eine musikalisch-literarische Hommage ist dieses Album nur bedingt. Es gleicht eher einer Destruktion, einem obsessiven Trip in die Problemwelten Poes und Reeds.

Reed vermischt Verse aus »Annabel Lee« (1849), »The Bells« (1849) und »The Fall of the House of Usher«, verändert Poes Texte durch eigene Zugaben. Dazu gibt es beeindruckende Lesungen von Schauspielern wie Willem Dafoe,

Elizabeth Ashley und Amanda Plummer. Die Musik wechselt von Metal Machine Music über Swing und Blues zur bombastischen Show mit düsteren Streichen und rotzigem Rock 'n' Roll. Homogen, intellektuell, ehrfürchtig klingt hier kaum etwas. Ständig kollidieren Text und Musik und die aufeinanderfolgenden Stücke, darunter »The Fall of the House of Usher«, »The Raven«, »The Pit and the Pendulum« und »The Tell-Tale Heart«.

In den Liner Notes des Albums schreibt Reed: »Obsessionen, Paranoia, absichtliche Akte von Selbstzerstörung umgeben uns ständig. Obwohl wir altern, hören wir immer noch die Schreie derjenigen, für die das traurige Chaos eine riesige Anziehungskraft besitzt. Ich habe Poe immer wieder gelesen und über ihn geschrieben, um die stets gleichen Fragen zu stellen: Wer bin ich? Warum werde ich gezwungen, das zu tun, was ich nicht tun sollte? Ich habe mit diesen Gedanken unzählige Male gerungen: dem Impuls des zerstörerischen Verlangens – dem Impuls der Selbstkasteiung.«

Im Song »Who am I? (Tripitena's Song)« liefert er eine persönliche Antwort: »Man denkt an das, was man sich erhofft hat«, singt er, »und stellt sich dann der Realität.« Ob Lou Reed Poe auch nur annähernd gerecht wird, ob er dessen vielschichtiges Werk erfasst hat und vermitteln konnte, sei dahingestellt. Der Versuch ist so spröde wie mutig mit einem schillernden Ergebnis.

Lou Reeds Drogenkonsum ist legendär. Sein verwittertes Gesicht erzählte von einem wilden Leben. Die schmerzhafte Selbstfindung, »Who am I?«, steht am Ende der Reise. Um es mit den Worten Poes zu sagen: »Alles, was wir sehen oder scheinen, ist ein Traum innerhalb eines Traums.« Oder wie Reed einmal in einem Interview gesagt hat: »Wenn man alles zusammenzählt und als Buch betrachtet, dann ist es der große amerikanische Roman. Jede Platte ist ein Kapitel.«

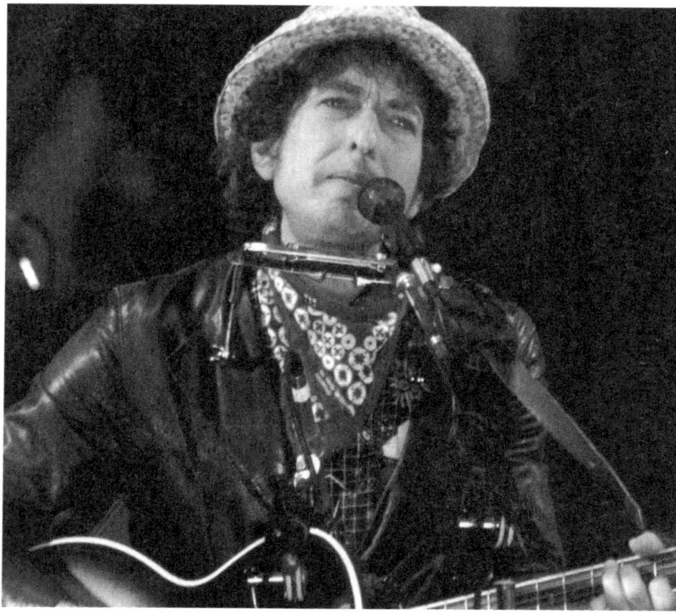

# Die lange Reise

*Bob Dylan und die Literatur*

Über Bob Dylan als Person zu reden, so der amerikanische Musikkritiker Greil Marcus, lohne sich nicht, weil über ihn kaum etwas in Erfahrung zu bringen sei. Dies aus dem Mund eines Mannes, der sich selbst als Dylan-Fan bezeichnet und den Künstler und sein Schaffen seit 1968 bis heute mit unzähligen Artikeln begleitet hat. Konsequenterweise, möchte man sagen, hat er deshalb 2005 die Studie »Bob Dylans Like a Rolling Stone. Die Biographie eines Songs« vorgelegt.

Doch ist das nicht vielleicht ein Missverständnis? Oder sagen wir besser, ein Teil des Versteckspiels, das sich Bob Dylan für uns ausgedacht hat? Immer wieder ist beim Versuch, das Phänomen Dylan zu ergründen, von seinen ständigen Maskeraden gesprochen worden, seiner Wandlungsfähigkeit, seinen bewussten Verschleierungsversuchen. All dies hat immer wieder zu erheblichen Irritationen geführt. Trotzdem ist ihm sein Publikum treu geblieben und mit ihm gealtert. Sogar Kritiker und Kollegen versteigen sich zuweilen zu Elogen wie Diedrich Diederichsen, für den Bob Dylan der »Goethe der Rockmusik« ist, für Martin Schäfer sogar »der Hamlet Amerikas«, für den argentinischen Musiker Fito Páez »ein Mann aus Eisen, von denen es jetzt keine mehr gibt«, und für Wolf Biermann »mein hellster Stern am Liederhimmel«.

Sich mit Bob Dylan zu beschäftigen, ist zweifellos ein komplexes Vergnügen. Sein Werk ist eine einzige Zitat-und Versuchsanordnung, seine Kompilation besteht aus unzähligen Fragen, Fakten und Fragmenten, sein Sampling besticht durch eine Gleichzeitigkeit verschiedener Elemente. Schichten um Schichten überlagern sich, einzelne Spuren können neu gemischt und variiert werden. Ein geradezu schmetterlingshaftes Befruchten von scheinbar Disparatem wird von ihm zum musikalisch-poetischen Prinzip erhoben. Die Verfügbarkeit des Materials ist natürlich die Voraussetzung für seine Technik, die akribische Recherche steht vor dem Schreiben und Komponieren. In geradezu postmoderner Weise ist auch für Dylan eine gute Kopie besser als ein schlechtes Original. Der Künstler fungiert als Relaisstation, versteht sich als Suchender und als Arrangeur von Material, an dessen Schnittstellen im besten Fall Funken sprühen und Neues entsteht.

Der Name schon ist Programm. Besser gesagt, die beiden Namen: Robert Allen Zimmerman und Bob Dylan. Der eine ist ohne den anderen nicht zu denken. Der Familien- und Geburtsname. Und das Pseudonym. Zimmerman steht für eine, wie es im Lexikon heißt, liberale jüdische Familie aus dem Mittleren Westen. Damit ist schon ziemlich viel gesagt. Dylan hat in jungen Jahren seine Herkunft verleugnet und behauptet, er sei auf Jahrmärkten in New Mexico aufgewachsen und seitdem im Grunde wie ein Hobo, ein Wanderarbeiter, »on the road«, immer unterwegs. Seit 1988 befindet er sich nachweislich auf einer »Never Ending Tour«, einer immerwährenden, endlosen Konzerttournee rund um den Globus. Was treibt diesen Mann an, der Millionen von Tonträgern verkauft und Tausende von Konzerten gespielt hat? »Viele Leute mögen die Straße nicht«, so Dylan, »aber für mich ist sie so natürlich wie das Atmen.« Jack Kerouac lässt grüßen.

Dylans Familie hat ihre Wurzeln in Osteuropa, eine Flüchtlingsfamilie, gläubig und nicht vom Schicksal begünstigt. Der 1941 geborene Sohn erhält den hebräischen Namen Shabtai Zisel ben Avraham und wächst in einer Kleinstadt am Lake

Superior behütet auf. Er lernt die Bibel kennen, und diese Lektüre hinterlässt bis heute ihre Spuren in seinem Werk. Von den ersten Aufnahmen an werden Motive und Figuren aus dem Alten Testament in die Songtexte eingewoben. Für Dylan spielt der Glaube eine wichtige Rolle. Seine Verwurzelung in der biblischen Tradition korrespondiert mit einer Vorstellung von spiritueller Transzendenz jenseits religiöser Dogmen. Dylan, der Ende der 70er mit charismatischen Religionsgemeinschaften sympathisierte und letztlich auch zum Christentum konvertierte, verstörte mit pietistischen Liedern und an Gottesdienste erinnernden Konzerten sein treues Publikum, das dann schon mal Plakate hochhielt, auf denen stand: »Jesus loves your old songs, too, Bobby!« Doch für einige Jahre verfolgte Dylan unbeirrt diesen Weg wie ein frommer Pilger und setzte sich intensiv mit den Botschaften der Religionen auseinander. Diese Zeit fällt nicht aus dem Rahmen, im Gegenteil. Dylans Lebensweg ist von einer dauerhaften Suche nach Sinngebung bestimmt, einem Weg, der in viele Richtungen ging und – wie seine »Never Ending Tour« nicht zufällig andeutet – noch lange nicht zu Ende ist. Bis es eines Tages heißen wird: »Knockin' on Heaven's Door«.

Dylan Thomas (1914–1953) war ein wilder, selbstzerstörerischer Feuerkopf aus Wales, der Frauen und Alkohol liebte und für seine Gedichte alles aufs Spiel setzte: »Ich kann nicht viel dazu sagen, was die Gedichte bedeuten. In einigen Fällen wusste ich es selber nicht. Ich hoffe, dass das nur für einige meiner ganz frühen veröffentlichten Gedichte zutrifft – explosive Blutausbrüche eines Jüngelchens, der in die Gestalt und den Klang von Worten verliebt ist. In den Tod, unbekannte Liebe und die Schatten auf seinem Kopfkissen.«

Bob Dylan hatte Gedichte des Mannes aus Swansea gelesen, sie müssen ihm gefallen haben. Vielleicht war es aber nur eine spielerische Entscheidung, gemessen am Klang des Namens und seiner Unverwechselbarkeit. Mit achtzehn Jahren nannte sich der Student der Kunstwissenschaft, der sich an der University of Minnesota eingeschrieben hatte, fortan Bob Dylan – ein Name, der sich ins kulturelle Gedächtnis der Welt einbrennen sollte.

Im Winter 1961 suchte Bob Dylan den an einer unheilbaren Nervenkrankheit leidenden Folksänger Woody Guthrie in New York auf und spielte ihm am Krankenbett dessen Songs vor. Dylan verehrte Guthrie und widmete ihm den »Song to Woody« sowie das Gedicht »Last Thoughts on Woody Guthrie«, das er auch öffentlich vortrug. »Ich suchte nicht nach Geld oder Liebe«, schreibt Dylan in seinen autobiografischen Aufzeichnungen Chronicles Vol. 1: »Ich hatte geschärfte Sinne und feste Gewohnheiten, ich war unpraktisch und obendrein ein Visionär. Ich hatte einen klaren Kopf und brauchte keinen Fleischbeschauerstempel. Ich kannte keine Menschenseele in dieser dunklen, frostigen Metropole, aber das sollte sich ändern – und zwar bald.«

Dylan strotzte offenbar vor Selbstbewusstsein, und er sollte Recht behalten. Aber er tat auch einiges dafür. Dylan war schon in seiner Jugend ein Leser gewesen und hatte sich für die Romane John Steinbecks begeistert. Nun kümmerte sich seine Freundin Suze Rotolo, eine Künstlerin und politische Aktivistin, um seine Weiterbildung. Sie erweiterte seinen literarischen Horizont, und Dylan begann, alles gierig aufzusaugen: Bücher, Filme, Theater, bildende Kunst, Philosophie, Musik sowieso. Rotolo machte ihn nicht nur mit vielen Künstlern der New Yorker Szene und der Bürgerrechtsbewegung bekannt, sondern brachte ihm auch die französischen Symbolisten und das Theater Bertolt Brechts näher. So wie sie den frierenden Dylan auf dem Cover von »The Freewheelin' Bob Dylan« zu wärmen sucht, indem sie sich fest an ihn schmiegt, während sie durch eine Straße in Greenwich Village gehen, so hat sie ihn unterstützt, als er nach dem Misserfolg mit seiner ersten Platte nun mit eigenen Kompositionen den Erfolg suchte und ihn auch fand.

»Ich war damals sehr enthusiastisch«, erzählt Rotolo, »und habe mich für viele, viele Dinge interessiert – Dichtung, Theater, Kunst. Ich war in New York aufgewachsen und kam aus einer progressiven Familie, dadurch habe ich vieles mitgekriegt, wovon Bob als Kleinstadtjunge keine Ahnung hatte. Er war sehr neugierig und beileibe nicht nur auf Folkmusik fixiert. Deshalb haben wir uns auch so gut verstanden. [...] Das war alles ziemlich spontan. So hat damals jeder in Greenwich Village gearbeitet. Alle haben experimentiert, jeder hat von jedem gelernt. Aber Bob stach heraus, weil er so gut war. Viele haben Songs geschrieben, aber er hatte etwas Besonderes. Ich möchte allerdings betonen, dass sich sein Aufstieg anfangs im Rahmen einer Künstlergemeinschaft vollzog. Er war kein Gott, der vom Himmel fiel.«

Lässig, spontan, offen, so haben Rotolo und Dylan die Szene der 60er in New York beschrieben. Jeder machte sein Ding, ohne gleich an Ruhm und Reichtum zu denken. Und es war möglich, von den alten Recken des Blues wie John Lee Hooker, Lonnie Johnson und Victoria Spivey zu lernen. Weil sie es zuließen. Vor der Bühne und auf der Bühne, wo sie der junge Bob auf der Mundharmonika begleiteten durfte. »Als er angefangen hat zu schreiben«, erinnert sich Rotolo, »war er motiviert von seiner intensiven Liebe zur alten Musik. Einige Leute haben gesagt, er würde klauen; in Wahrheit hat er durch die Beschäftigung mit den alten Folk- und Blues-Songs sein Handwerk gelernt und seine eigene Sprache gefunden.«

Es ist interessant, dass der Vorwurf des Plagiats schon so früh in Dylans Karriere auftaucht. Dabei hat er selbst nie einen Hehl daraus gemacht, sich aus dem Fundus des Great American Songbooks zu bedienen. Was nichts mit billigen Kopien zu tun hat, sondern mit dem Wunsch, die kulturelle Tradition in ihrer Vielfalt und Bedeutung zu verstehen und weitergeben zu können: Geschichten und Mythen des amerikanischen Volkes, die weltweit verstanden werden. Weil sie Allgemeingültiges über die Zeiten hinweg transportieren. »Bringing it All Back Home«. Etwas aufsaugen, durchdringen, und dann anders weitersagen und spielen. Wie in einer Werkstatt oder einem Bastelraum, in dem zufällig auch eine Schreibmaschine und ein paar Instrumente herumliegen. Quellenarbeit hätte man das früher genannt, Sampling, Netzwerken, künstlerische Empathie wären modernere Begriffe. In »Tangled Up in Blue« heißt es: »But me, I'm still on the road/ Heading for another joint/ We always did feel the same/ We just saw it from a different point of view [...]«

Andere Perspektiven, das Imitieren von Stimmen, eindeutige Zitate und Referenzen, Wortspielereien und Satzfetzen, Brüche und Schattierungen, Anspielungen, Inspirationen, Neologismen – Bob Dylan hat für die Popmusik die Arbeit mit Texten und deren Bedeutung zweifellos auf eine neue Ebene gehoben. Sein Interesse an Poesie und traditionellem Liedgut, zeitweise verbunden mit politischem und religiösem Aktivismus, hat für das Selbstverständnis der Singer-Songwriter enorm viel bewirkt. Er sei nur ein »Song and Dance Man«, so Dylan lakonisch, dabei ist er so viel mehr: Forscher, Archivar, Vermittler. Natürlich gefällt er sich dabei in der Rolle des Außenseiters, mit dem Mythos des Outlaws spielt er allzu gern.

Jeder Song ist ein Gedicht. Und jeder gute Song erzählt eine Geschichte. »Oral History« gewissermaßen. Eine Geschichte, in die man sich vertiefen kann und die über das hinausweist, was erzählt wird. »The songs are the stars of the show, not me«, hat Dylan gesagt. Das kann man, aber das muss man nicht glauben. Denn der Erzähler großartiger Geschichten will auch den Applaus und sei es das Preisgeld eines Alfred Nobel. Diese Seite Dylans, der 2020 die Rechte an seinem Songkatalog für kolportierte dreihundert Millionen Dollar an die Konkurrenz von Universal Publishing verkauft hat, muss man auch sehen. Natürlich sind die Songs wichtig. Sie sind der Nucleus seines Kosmos. All diese Songs seien miteinander verbunden, so Dylan. Er habe nur einen neuen Ausgang gefunden und ihn auf eine etwas andere Weise benutzt. Das gilt für den Rückgriff auf die alten Lieder wie für das, was Dylan daraus gemacht hat. Eine riesige Sammlung von Gedanken, Träumen, Mythen und Geschichten, die Dylan jedes Mal, wenn er auftritt, in neue Formen kleidet. Ihre Wörter verändert, ja sogar zerstört, um die ihnen innewohnende Kraft freizulegen und diesen Kern, neu interpretiert, den nächsten Generationen seiner Hörer anzubieten.

Da passt eine Radio-Show bestens als Transmissionsriemen dieses Lebensprojekts. Drei Jahre lang, von Mai 2006 bis April 2009, hat Dylan wöchentlich seine einstündige Sendung »Theme Time Radio Hour« bei XM Satellite Radio verbreiten lassen. Und natürlich betreibt er auch einen eigenen YouTube-Kanal. So entsteht eine Enzyklopädie der amerikanischen Kultur des 20. Jahrhunderts, ein polyphones Sammelsurium aus musikalischen und literarischen Stimmen, oft vom Straßenrand aufgelesen, in verstaubten Archiven entdeckt, dem Vergessen entrissen. Und machen wir uns nichts vor – und Dylan tut das auch nicht – ohne diese Vorbilder, ohne diese Einflüsse wäre das Werk Bob Dylans, das über sechshundert Songs und über fünfzig Alben beinhaltet, deutlich schmäler. Von William Faulkner stammt der kluge Satz, dass das Vergangene nie tot sei, es sei nicht einmal vergangen. Dylan, dieser »thief of thoughts«, wie er sich selbst bezeichnete, hat sich dieser Maxime mit Haut und Haaren verschrieben.

Bevor Suze Rotolo ihrem Freund eine kulturelle Grundversorgung zukommen ließ, war er ein ambitionierter Folkie, der mit Pete Seeger und Joan Baez auftrat und anfangs mit fremden Kompositionen auf die Bühnen drängte. Auch Politik war scheinbar nicht sein Metier: »Sie reden von schwarz und weiß, sie reden von Hautfarben, von rot von blau und gelb, aber ich sehe das alles nicht. Sie reden von rechts und links, aber auch das kann ich nicht sehen. Ich sehe nur oben und unten, und unten ist da, wo der Fußboden ist. Ich pfeife auf Politik, mich interessiert der Mensch«, so Bob Dylan im Dezember 1963.

Dessen ungeachtet schrieb er Songs, die zu Hymnen der Protestbewegung wurden. Vermutlich jeder, der über 60 ist, schon mal auf einer Demonstration war oder an einem Lagerfeuer gesessen ist, kann eine von Dylans Liedzeilen aus dem Kopf rezitieren. Man denke nur an »The answer, my friend, is blowin' in the wind« oder an »The times they are a-changin'«. Mindestens eine Generation ist mit diesen Versen aufgewachsen und hat Dylan als Sprachrohr einer Bewegung verehrt, die die Welt aus den Angeln heben wollte. Das hat bekanntlich nicht funktioniert, an der Begleitmusik hat es sicher nicht gelegen. Zumal Dylan die ihm zugedachte Rolle des Propheten stets verweigert hat. Und schon damals schrieb er auch Songs wie »A Hard Rain's A-Gonna Fall«, die sich dem schnellen Zugriff verweigern.

Wie viele Künstler wurde Bob Dylan in den 60ern von den Beat Poets Allen Ginsberg, Jack Kerouac, Gary Snyder, Frank O'Hara und Gregory Corso, die mit ihren Poetry-Performances für Furore sorgten, beeinflusst. Unter dem Einfluss von Drogen stehend, präsentierten sie ihre Texte improvisiert als »stream of consciousness«, was durchaus zu wilden und surrealen Bühnenauftritten führte. Mit Ginsberg, der 1997 starb, verband Dylan eine intensive Freundschaft. Obwohl sie nur fünfzehn Jahre auseinander waren, darf man Ginsberg als väterlichen Freund und Mentor Dylans bezeichnen. Manche Außenstehende dachten, sie wären Vater und Sohn.

»Ketten aus blitzenden Bildern« erkannte Ginsberg in Dylans Texten und fühlte früh eine enge Seelenverwandtschaft. Sie widmeten sich gegenseitig Texte. Ginsberg begleitete Dylan 1975 auf der »Rolling Thunder Revue«. Dylan schrieb in den Liner Notes zu »Bringing it All Back Home«: »why allen ginsberg was not chosen to read poetry at the inauguration boggles my mind.« Sie arbeiteten an einem gemeinsamen Album, »Holy Soul Jelly Roll«, mit Gedichten von Ginsberg und Vertonungen von William Blake, diskutierten über sozialen Wandel und politischen Protest und engagierten sich in diversen Aktionen und Bewegungen. Dylan lieferte den Soundtrack, und Ginsberg war das prominente Gesicht in der Öffentlichkeit. Eine synergetische Beziehung, die für Dylan assoziative Freiräume des Schreibens eröffnete und seine Technik des Verdichtens und Collagierens auf den Weg brachte.

Ginsberg und die Beatpoeten waren natürlich nicht die einzigen, die Dylans Arbeit beeinflussen sollten. Ezra Pound und T. S. Eliot treten in »Desolation Row« auf: »Praise be to Nero's Neptune, the Titanic sails at dawn/ Everybody's shouting, ›Which side are you on?!‹/ And Ezra Pound and T.S. Eliot fighting in the captain's tower/ While calypso singers laugh at them and fishermen hold flowers.«

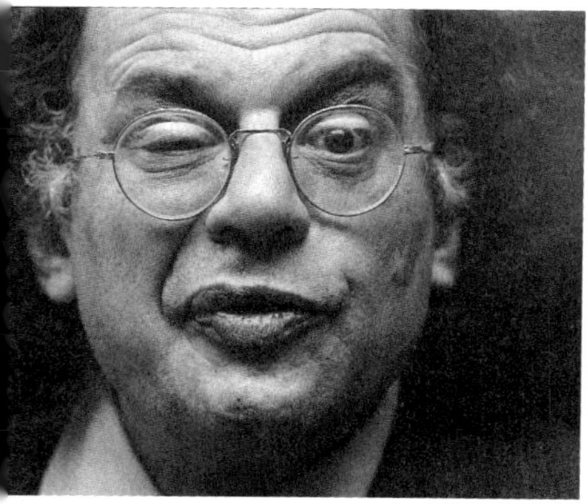

Allen Ginsberg

In »Bob Dylan's 115th Dream« stoßen wir auf »Captain Arab« (man denkt an Captain Ahab aus Herman Melvilles »Moby Dick«), das »magic swirlin' ship« aus »Mr. Tambourine Man« könnte auf Rimbauds »Le Bâteaux Ivre« verweisen und viele Versatzstücke und melodische Anklänge findet man auch bei T. S. Eliots »Lovesong of J. Alfred Prufrock«. Homer, Ovid, Kafka, Arthur Koestler, Verlaine, Dante, Robert Burns, F. Scott Fitzgerald, Plutarch, Shakespeare, Mark Twain, Petrarca – die Liste der literarischen Verwandten könnte man entlang der Lektüreerlebnisse Dylans fortsetzen.

Abschließend sei auf Walt Whitmans Gedicht »Song of Myself« verwiesen, aus dem die Wendung »I Contain Multitudes« stammt, die Dylan zum Titel eines programmatischen Songs machte: »Do I contradict myself?/ Very well then I contradict myself,/ (I am large, I contain multitudes.)« Ob Rimbauds legendärer Satz »Ich bin ein anderer« zum Spiel mit Identitäten, zum Verschwinden in seinen Liedern anregte, es ist nicht auszuschließen. Neil Young, einem bekennenden Nicht-Leser, soll Dylan zugeflüstert haben, er wisse nicht mehr genau, wer der Typ war, der all diese vielen Dylan-Songs geschrieben habe. »It ain't me Babe« oder »I'm not there, I'm gone«.

Die Zahl philologischer Exegeten, die sich mit großem Ernst und immensem Wissen über Dylans Werk beugen, ist in den letzten Jahren deutlich gestiegen. Manch einer mag das bedauern, andere erfreuen. Dylan selbst hat, als er 2016 die Nachricht des Nobelpreis-Komitees erhielt, irritiert reagiert:

»I was out on the road when I received this surprising news, and it took me more than a few minutes to properly process it. I began to think about William Shakespeare, the great literary figure. I would reckon he thought of himself as a dramatist. The thought that he was writing literature couldn't have entered his head. His words were written for the stage. Meant to be spoken not read. Not once have I ever had the time to ask myself, ›Are my songs literature?‹«

Das ist natürlich Koketterie. Zu Dylan gibt es unzählige Bücher, Tagungen und Foren, die Leben und Werk des Dichters detailliert und kenntnisreich untersuchen. Dort wird entdeckt und nachgewiesen, aus welchen Quellen der Meister schöpft.

Dylan scheint das weit nüchterner zu sehen: »Ganz egal, was man sagt«, heißt es in seiner Autobiografie, »es ist nur Gestammel. Man hat nie die Zeit, in Ruhe über alles nachzudenken. Zusammenflicken, drüberbügeln, rein damit, und ab geht die Post – so läuft das normalerweise.«

Das Nobelpreiskomitee der Schwedischen Akademie wird diese Aussage übersehen haben. Das Komitee begründete seine Wahl damit, dass Dylan »neue poetische Ausdrucksformen innerhalb der großen amerikanischen Songtradition« erschaffen habe. Dylan stand schon länger unter Beobachtung durch die literarischen Institutionen. 2008 hat er bereits den Pulitzer-Sonderpreis »for his profound impact on popular music and American culture, marked by lyrical compositions of extraordinary poetic power« erhalten. Und zu seiner Aufnahme in die ehrwürdige American Academy of Arts and Letters 2013 titelte der Guardian:

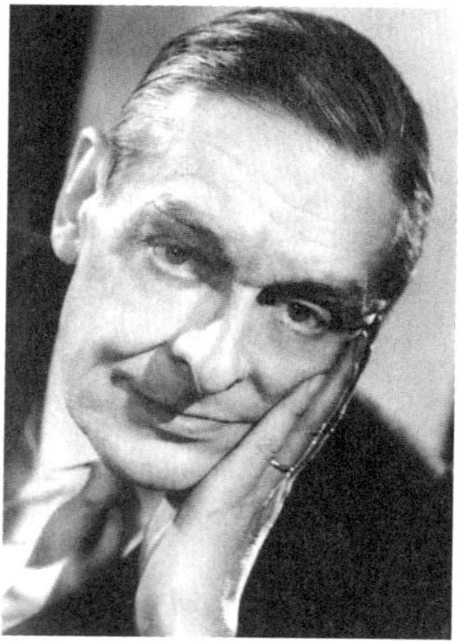

T. S. Eliot

»The most influential songwriter of his time has become the first rock star voted into the elite, century-old American Academy of Arts and Letters, where artists range from Philip Roth to Jasper Johns and categories include music, literature and visual arts. ›The board of directors considered the diversity of his work and acknowledged his iconic place in the American culture,‹ Dajani said recently. ›Bob Dylan is a multi-talented artist whose work so thoroughly crosses several disciplines that it defies categorisation.‹ «

Dylan, das kommt auch in diesen Ehrungen anerkennend zum Ausdruck, hat der Rockmusik wichtige Impulse verliehen. Politisch, sozialkritisch, intellektuell, aber auch durch die Verarbeitung persönlicher Erfahrungen in Songtexten, die durch ihren assoziativen Charakter viele Menschen ansprechen und bewegen. Und durch eine komplexe, variationsreiche, ästhetisch anspruchsvolle Sprache, die seine Verse im Bereich der Dichtkunst verankert. Dylan hat sich seit seinen Anfängen in Greenwich Village erkennbar weiterentwickelt. Seine griffigen Refrains und eingängigen Hooklines wurden zunehmend vielschichtiger, auch rätselhafter und hermetischer. Der Gedankenleser und Ideendieb Dylan formt mit neuen Harmonien und Melodien seine Funde zu einem aufregenden Pastiche, das den Respekt vor dem Material reflektiert und doch wieder zum Leben erweckt. Ob er nun verdichtet, kodiert, montiert oder überzeichnet, ob er mit intertextuellen Verweisen arbeitet oder persifliert – immer blieben die Bücher, auf die er sich bezieht, so Dylan, »eine Sache für sich. Sie bedeuteten mir wirklich etwas. Ich las viele Seiten laut und genoss den Klang der Worte, die Sprache.«

Als Dylan den Nobelpreis für Literatur zugesprochen bekam, wüteten die Feuilletons. Seine Texte wurden analysiert und dechiffriert, letztlich mit dem Ziel, die Unangemessenheit dieser Entscheidung zu dokumentieren und Dylan auf den Platz zurückzuweisen, der ihm zustehen würde. Er sei bestenfalls ein Sänger mit interessanten »lyrics«, ein Barde in der Tradition griechischer Rhapsoden und mittelalterlicher Gaukler und Minnesänger, der statt zu Lyra und Laute nun eben zur elektrischen Gitarre gegriffen habe: »Am Ende aber sind es doch immer nur lyrics, die er geschrieben hat, und eben keine Lyrik. Da konnte die Kulturwissenschaft bislang noch so viele Symposien zu seinem Werk veranstalten: So viel war fix, und dabei blieb es. Keine Lyrik, nirgends. Nur lyrics, überall«, so der Germanist Klaus Kastberger.

Die Nobelpreis-Jury dementierte schnell und verwies auf Homers Epen und die Lyrik der Sappho, die ja auch für den Vortrag geschrieben wurden, durchaus instrumentiert, und das sei ja unbestritten Teil des Kanons der Weltliteratur. Die Literaturkritik diskutierte weiter über den Unterschied zwischen »lyrics« und »poetry«, verwies auf die Gebundenheit der Dylanschen Verse an die Musik und die bühnenreife Darbietung und empörte sich über diese dreiste Pop-Literatur, die, nur weil sie gesungen wird, ihren literarischen Wert verloren habe. Der Preis für Dylan sei nur der Nostalgie seniler Hippies zu verdanken, eine unzulässige Verklärung geistigen Diebstahls und letztlich nur die Bankrotterklärung eines Sängers, dem nichts mehr Eigenes einfiele.

Dem widersprach die Fraktion seiner Bewunderer, indem sie darauf verwies, dass »Dylan wie kein anderer die moderne amerikanische Musiktradition mit der literarischen Hochkultur zu einer neuen Kunstform vereint (habe) – Ovid mit Blues, Shakespeare mit Gospel.« Songpoesie sei »eine genuin literarische Kunstform und nicht nur eine musikalische«, so Heinrich Detering. Dabei wurde meist vergessen, dass Dylan auch Gedichte geschrieben hat, die nie gesungen und daher nur schriftlich veröffentlicht wurden. Ob man nun auf dem performativen Akt besteht, das Hörerlebnis über den Leseeindruck und das Textverständnis stellt, sei jedem selbst überlassen. Bei guten Texten schaut man gerne zweimal hin, was nichts anderes bedeutet, dass der Text auch ohne Vertonung funktionieren, beeindrucken,

Spuren hinterlassen muss. Manche Melodie großer Songs ist simpel oder tritt hinter den Text zurück, im Idealfall passt beides perfekt zusammen. Ob Dylan diese Gedanken gleichgültig oder gar fremd sind, weiß man nicht. Jedenfalls hat er 2016 große Teile seines schriftlichen Vorlasses und viele Dokumente an das Archiv der University of Tulsa in Oklahoma, also in ein Literaturarchiv, gegeben. Die philologische Erschließung seines Werks schreitet damit voran; der Status eines Privatarchivs verändert sich zu einem Ort der wissenschaftlichen Studien und öffentlichen Zugänglichkeit. Seinem Selbstverständnis als »Song-Writer« wird damit nachhaltig Rechnung getragen, sein Anspruch auf Autor- und Urheberschaft ist zweifellos manifestiert.

Daran ändern auch die Umstände der Verleihung des Nobelpreises nichts, so kurios sie auch erscheinen mögen. Anfangs war Dylan lange nicht auffindbar, es gab tagelang keine offizielle Reaktion, ob er den Preis überhaupt annehmen würde. Erst sagte er seine Teilnahme an der Zeremonie der Verleihung zu, dann wieder ab, am Ende schickte er Patti Smith, um den Preis entgegenzunehmen. Ein halbes Jahr später, im April 2017, kam Dylan in Stockholm vorbei, um den Preis unter Ausschluss der Öffentlichkeit persönlich in Empfang zu nehmen. Der Termin passte gerade in seinen Tourplan, das sagt auch schon einiges aus. Seine Nobelpreis-Rede, zu der er verpflichtet war, gab er kurz vor Ablauf der Frist ab. Darin spricht er unter anderem über Buddy Holly, die frühen Folksänger und über drei Bücher, »die mich begleitet haben, seit ich sie damals in der Grammar School las«: über Herman Melville und seinen Roman »Moby Dick« (1851), über Erich Maria Remarques »Im Westen nichts Neues« (1928) und über Homers »Odyssee« (750 v. Chr.).

Um die Verwirrung komplett zu machen, enden seine Ausführungen mit einem poetologischen Appell:

»Unsere Songs sind lebendig im Land der Lebenden. Aber sie sind etwas anderes als Literatur. Sie sollen gesungen, nicht gelesen werden. So wie die Worte in den Dramen Shakespeares auf der Bühne gesprochen werden sollen, so sollen die Texte von Songs gesungen werden und nicht auf einer Buchseite gelesen. Und ich hoffe, dass einige von Ihnen die Gelegenheit haben, diese Lyrics so zu hören, wie sie ihrer Bestimmung nach gehört werden sollten: im Konzert oder auf einer Schallplatte oder wie auch immer man heute Songs hört. Noch einmal kehre ich zurück zu Homer: ›Singe in mir, oh Muse, und durch mich erzähl die Geschichte‹.«

Abgesehen von der eher dürftigen Qualität der Rede ist dieser Aperçu am Ende natürlich eine Ohrfeige für die Jury des wichtigsten Literaturpreises der Welt. Auch wenn mit Melville, Remarque und Homer – wenn sie nicht zufällig ausgewählt wurden – mit einem archaischen Mythos, einem Versuch, das Grauen in der Welt zu verstehen, und dem Schicksal des Sängers und Suchers wohl die zentralen Aspekte des Dylanschen Kosmos benannt wurden, so drückt doch diese Rede, die in wesentlichen Teilen aus einem studentischen Online-Portal kopiert wurde, eine gewisse Verachtung oder zumindest Ironisierung des gesamten Literaturbetriebs aus. Das Plagiat steht am Anfang und Ende seiner Karriere. Und wieder unternimmt Dylan keinen Versuch, diese Dreistigkeit zu kaschieren, im Gegenteil. Stattdessen schreibt er weiter, führt seine »Never Ending Tour« fort und kümmert sich wenig darum, was akademische Kreise über sein Werk sagen. Dylan will nur »forever young« bleiben, so jung wie seine Songs. »Denn diese Songs, diese Figuren, sind alle ich«, sagt Bob Dylan und lächelt.

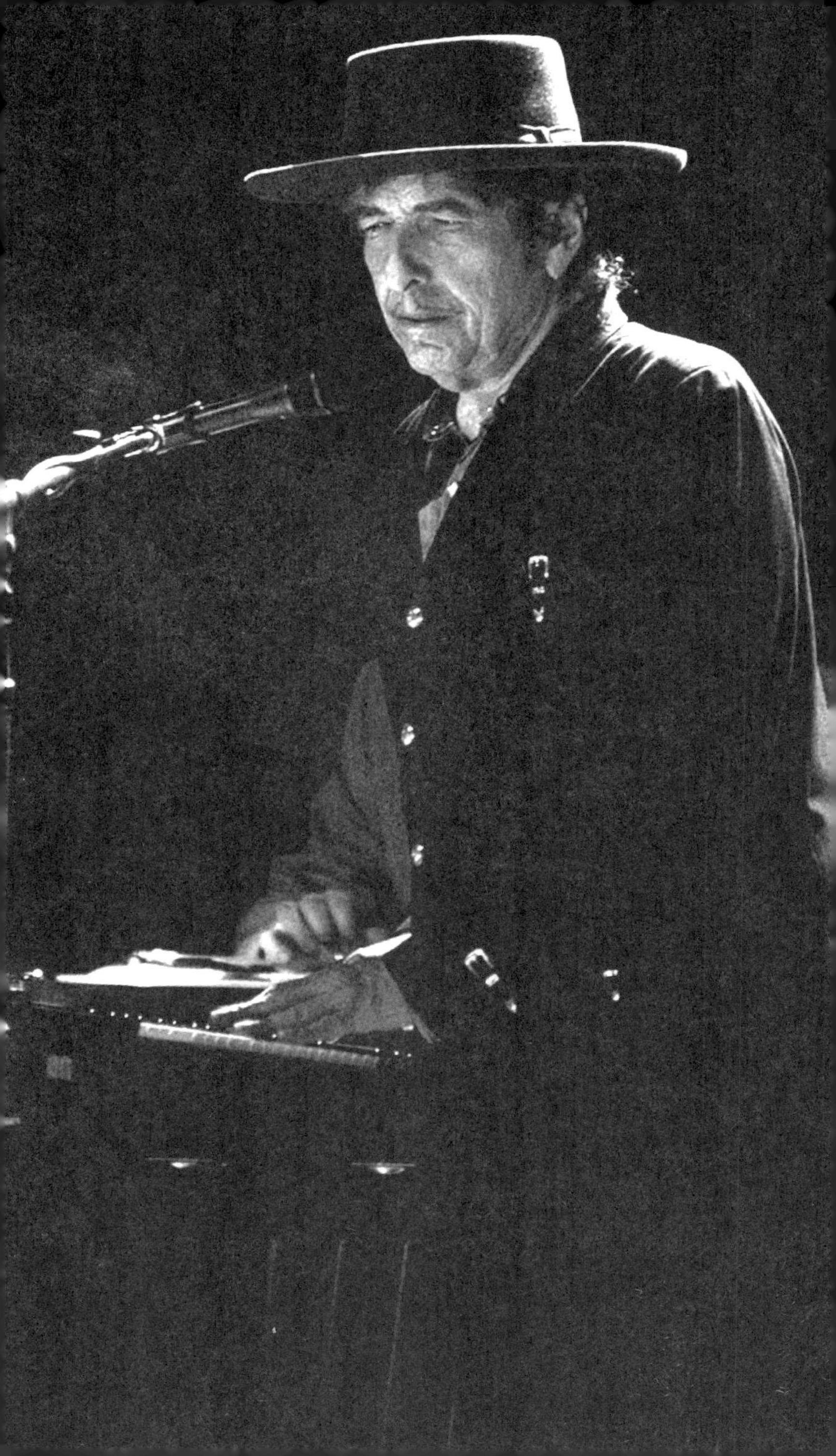

# Playlist

10,000 Maniacs: Hey Jack Kerouac, 1987 (Jack Kerouac)

Andrea Schroeder: Was Poe afraid, 2016 (Charles Plymell)

Andy White: Looking for James Joyce's Grave, 2000 (James Joyce)

Anyone's Daughter: Piktors Verwandlungen, 1981 (Hermann Hesse)

Bastille: Weight of Living, Pt. I., 2013 (Samuel Taylor Coleridge: The Rime of the Ancient Mariner)

Billy Bragg: A Pict Song, 1996 (Rudyard Kipling: A Pict Song)

Black Sabbath: Behind the wall of sleep, 1970 (H. P. Lovecraft)

Blue Oyster Cult: Nosferatu, 1977 (Bram Stoker: Dracula)

Bob Dylan: Desolation Row, 1965 (Ezra Pound, T.S. Eliot)

Bob Geldof: Thinking Voyager 2 Type Things, 1990 (Brendan Behan)

Brave New World: Impressions on Reading Aldous Huxley (1972)

Bruce Springsteen: The Ghost of Tom Joad, 1995 (John Steinbeck: The Grapes of Wrath / Früchte des Zorns)

Clannad: Down by the Sally Gardens, 1978 (William Butler Yeats: The Wanderings of Oisin and Other Poems)

David Bowie: Baal, 1982 (Bertolt Brecht)

David Bowie: Absolute Beginners, 1986 (Colin MacInnes)

David Bowie: The Rise and Fall of Ziggy Stardust and the Riders from Mars, 1972 (Anthony Burgess)

Diagrams: Dorothy, 2017 (Dorothy Drogdon)

Donovan: The Song of Wandering Aengus, 1971 (William Butler Yeats)

Dubliners: Finnegan's Wake, 1966 (James Joyce)

Elvis Costello: Miss Macbeth, 1989 (William Shakespeare)

Eric Andersen: Mingle With the Universe: The Worlds of Lord Byron (2017)

Eurythmics: 1984 (For the Love of Big Brother), 1984 (George Orwell)

Five Hand Reel: My Love is Like a Red, Red Rose, 1978 (Robert Burns)

Green Day: Who Wrote Holden Caulfield, 1991 (J. D. Salinger)

Greta van Fleet: Brave New World, 2018 (Aldous Huxley)

Guy Clark: Hemingway's Whiskey, 2009 (Ernest Hemingway)
Hawkwind: The Chronicle of the Black Sword. 1985 (Michael Moorcock)
Hazel O'Connor: Animal Farm, 1981 (George Orwell)
Iron Maiden: Brave New World, 2000 (Aldous Huxley)
Jefferson Airplane: White Rabbit, 1967 (Lewis Carroll)
Jim Morrison and The Doors: An American Prayer, 1978 (William Blake)
John Renbourn: Go and catch a falling star, 1966 (John Donne)
Kansas: Journey from Mariabronn, 1974 (Hermann Hesse)
Kate Bush: Flower of the Mountain, 2011 (James Joyce)
Kate Bush: Wutherings Heights, 1978 (Emily Brontë)
Lagartija Nick: Omega, 1996 (Federico García Lorca)
Lana Del Rey: Off to the Races, 2011 (Vladimir Nabokov)
Laurie Anderson: Songs and Stories for Moby Dick, 1999 (Herman Melville)
Led Zeppelin: Moby Dick, 1969 (Herman Melville)
Leonard Cohen: Take This Waltz, 1988 (Federico García Lorca)
Lou Reed & Metallica: Lulu, 2011 (Frank Wedekind)
Lou Reed: A Walk on the Wild Side (Nelson Algren)
Lou Reed: The Raven, 2003 (Edgar Allan Poe)
Marianne Faithful & Warren Ellis: She Walks in Beauty, 2021 (Lord Byron, John Keats, P. B. Shelley u.a.)
MC Lars: Ahab, 2006 (Herman Melville)
Metallica: For Whom the Bell Tolls, 1984 (Ernest Hemingway)
Michael Moravek: November (Herman Melville)
Modest Mouse: Bukowski, 2004 (Charles Bukowski)
Muse: The Small Print, 2003 (J. W. v. Goethe)
Novalis: Brandung, 1977 (Novalis)
Ozzy Osbourne: Mr. Crowley, 1980 (Aleister Crowley)
Phil Ochs: Highwayman, 1965 (Alfred Noyes)
Rammstein: Dalai Lama, 2004 (Johann Wolfgang von Goethe: Der Erlkönig)
Rick Wakeman: Journey to the Centre of the Earth, 1974 (Jules Verne)
Roy Harper: Waiting for Godot, Part Zed, 1992 (Samuel Beckett)
Rush: Tom Sawyer, 1976 (Mark Twain)

Slime: Sich fügen heißt lügen, 2012. (Erich Mühsam)

Sonic Youth: Pattern Recognition, 2004 (William Gibson)

Soundwalk Collective with Patti Smith: Mummer Love, 2019 (Arthur Rimbaud)

Suzanne Vega: Lover, Beloved: Songs from an evening with Carson McCullers, 2016

Syd Barrett: Golden Hair, 1970 (James Joyce: Chamber Music, Gedicht V)

The Alan Parsons Project: Tales of Mistery and Imagination, 1976 (Edgar Allan Poe)

The Divine Comedy: Lucy, 1993 (William Wordsworth)

The Doors: Alabama Song, 1967 (Bert Brecht)

The Dubliners: Finnegan wakes (2003)

The Go- Betweens – The House That Jack Kerouac Built, 1987 (Jack Kerouac)

The Lounge Lizards: A Clockwork Orange, 2014 (Anthony Burgess)

The Pogues: Lorca's Novena , 1990 (Federico García Lorca: Lament for Ignacio Sanchez Mejias)

The Police: Tea in the Sahara, 1983 (Paul Bowles: The Sheltering Sky / Himmel über der Wüste)

The Pretty Things: Under the Volcano, 1975 (Malcolm Lowry)

The Sensational Alex Harvey Band: The Tomahawk Kid, 1974 (Robert Louis Stevenson: Treasur Island / Die Schatzinsel)

The Smiths: Cemetry Gate, 1986 (John Keats, W. B. Yeats, Oscar Wilde)

The Soft Machine: Dada was here, 1969

The Stroke: Soma, 2001 (Brave New World von Aldous Huxley)

The Waterboy: An Appointment with Mr Yeats, 2011 (William Butler Yeats)

The Who: Dr. Jekyll & Mr. Hyde, 1967 (Robert Louis Stevenson)

Tocotronic: Michael Ende. Du hast mein Leben zerstört, 1995 (Michael Ende)

Tom Waits: The Black Rider, 1993 (William S. Burroughs)

UK Subs: I Robot, 1982 (Isaac Asimov)

Van Morrison & The Chieftans: Raglan Road, 1988 (Patrick Kavanagh)

Woods of Birnam: Woods of Birnam, 2014 (William Shakespeare)

# Auswahlbibliografie

Benzinger, Olaf: Bob Dylan. Die Geschichte seiner Musik. München 2011

Blake, William: Zwischen Feuer und Feuer. Poetische Werke. München 2007

Boetius, Henning: Ich ist ein anderer. Das Leben des Arthur Rimbaud. Frankfurt am Main 1997

Bowie, David: Stardust Interviews. Ein Leben in Gesprächen. Zürich 2018

Broackes, Victoria / Marsh, Geoffrey (Hg.): David Bowie. München 2013

Burgess, Anthony: Clockwork Orange. Stuttgart 2013

Cohen, Leonard: Stranger Music. Selected Poems and Songs. New York 1993

Cohen, Leonard: Die Flamme / The Flame. Köln 2018

Densmore, John: The Doors. Riders on the Storm. Mein Leben mit Jim Morrison und den Doors. Wien 1990

Detering, Heinrich: Die Stimmen aus der Unterwelt. Bob Dylans Mysterienspiele. München 2016

Dylan, Bob: Die Nobelpreis-Vorlesung. Hamburg 2017

Dylan, Bob: Lyrics. 1962–2012. Hamburg 2016

Dylan, Bob: Chronicles. Hamburg 2004

Genschow, Karen: Federico García Lorca. Berlin 2011

Honneth, Axel (Hg. u.a.): Bob Dylan. Ein Kongreß. Frankfurt am Main 2016

Hopkins, Jerry: Jim Morrison. Der König der Eidechsen. München 1993

Hopkins, Jerry / Sugarman, Daniel: Keiner kommt hier lebend raus. Die Jim Morrison Biografie. Augsburg 1985

Kelleter, Frank: David Bowie. Stuttgart 2016

Lorca, Federico García: Poemas / Gedichte. Stuttgart 2007

Manzarek, Ray: Die Doors, Jim Morrison und ich. Höfen 1999

Marcus, Greil: When That Rough God Goes Riding. Über Van Morrison. Köln 2011

Marcus, Greil:: Über Bob Dylan. Schriften 1968–2010. Hamburg 2012

Marcus, Greil: Bob Dylans Like a Rolling stone. Die Biographie eines Songs. Köln 2005

Margotin, Philippe / Guesdon, Jean-Michel: Bob Dylan. Alle Songs. Bielefeld 2018

McCullers, Carson: Die Autobiografie. Hg. V. Carlos L. Dewis. Zürich 2002

Moddemann, Rainer: The Doors. Schindellegi 1991

Morrison, Jim: The American Night. Augsburg 1991

Jahn O'Connell: Bowies Bücher. Köln 2020

Poe, Edgar Allan: Unheimliche Geschichten. Hg. von Charles Baudelaire. München 2017

Rimbaud, Arthur: A Season in Hell. Preface by Patti Smith. New York 2011

Simmons, Sylvie: I'm Your Man. Das Leben des Leonard Cohen. München 2012

Smith, Patti: Just Kids. Die Geschichte einer Freundschaft. Köln 2010

Smith, Patti: Traumsammlerin. Köln 2013

Smith, Patti: The Coral See. Das Korallenmeer. Zürich 2014

Smith, Patti: M Train. Erinnerungen. Köln 2015

Smith, Patti: Hingabe. Köln 2019

Sugerman, Danny: Wonderland Avenue. Augsburg 1991

Sugarman, Danny (Hg.): Jim Morrison & The Doors. Die kompletten Songtexte. München 1992

The Doors (mit Ben Fong-Torres): The Doors. Berlin 2007

Wedekind, Frank: Lulu. Stuttgart 1989

Portraits, Interviews und Texte in: Bayerischer Rundfunk, BBC, Berliner Zeitung, Crawdaddy, Der Tagesspiegel, Deutschlandfunk, Die Zeit, Faroutmagazine, Focus, literaturkritik.de, Neue Zürcher Zeitung, Rolling Stone, Spiegel, Süddeutsche Zeitung, Taz, The Guardian uvm.

# Bildnachweis

Helmut Ölschlegel

S. 6 Leonard Cohen & Chorus Girls, 1988 Nürnberg, Meistersingerhalle
S. 12 Patti Smith, 1994 München, Backstage Halle Ostbahnhof
S. 28 Patti Smith, 2011 Nürnberg, Serenadenhof
S. 32 David Bowie, 1983 München, Olympiahalle
S. 42 David Bowie, 2003 München, Olympiahalle
S. 48 Lou Reed, 1987 München, Deutsches Museum
S, 53 Lou Reed, 1987 München, Deutsches Museum
S. 56 Suzanne Vega, 2005 Loreley, Amphitheater
S. 90 Mike Scott & The Waterboys, 2004 Cropredy, Fairport Convention Festival
S. 102 Leonard Cohen, 2008 Lörrach, Stimmen-Festival
S. 111 Leonard Cohen, 2008 Lörrach, Stimmen-Festival
S. 122 Alan Parsons, 2009 Nürnberg, Arena
S. 134 Bob Dylan, 1984 München, Olympiastadion
S. 151 Bob Dylan, 2009 Erfurt, Messehalle

Étienne Carjat S. 14
Michael Willems S. 17
Sidsmeets S. 22
Arthur Rimbaud S. 26
MaxGibbon & Kee S. 35
W.W. Norton & Company S. 40
Warner Bros. S. 50
Unbekannt S. 59, 119, 120, 125
Cooking Vinyl S. 61, 98
Elektra Records S. 64, 68
Mobilus In Mobili S. 71
Thomas Phillips S. 77
Dade County Public Safety Department S. 84
Pirie MacDonald S. 94
Juan Antonio Segal S. 106
Edgar Allan Poe S. 126
Mercury Records S. 129
Reprise S. 131
Michiel Hendryckz S. 144
Ellie Koczela S. 146

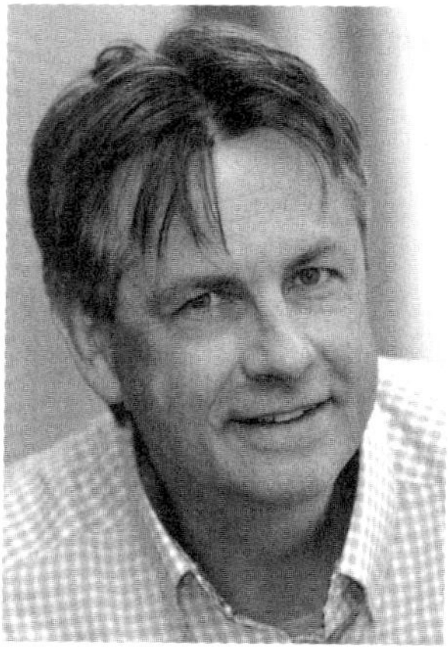
Foto: Catherina Hess

THOMAS KRAFT, 1959 in Bamberg geboren. 1979–1986 Studium der Neueren deutschen Literatur, Theaterwissenschaft und Philosophie in München. 1993 Promotion. Arbeitet(e) als Autor, Ghostwriter, Literaturkritiker, Buchhändler, Programmleiter des Literaturhauses München, Programmleiter in einem Münchner Verlag. 2013 Gründung einer Veranstaltungsagentur. Organisiert mehrere Literaturfestivals und betreut Autoren. Lehraufträge an den Universitäten München, Erlangen-Nürnberg, Marburg. Seit 2020 Gymnasiallehrer für Deutsch und Geschichte. Freizeit-DJ. Verheiratet, zwei Kinder, wohnhaft in Herrsching am Ammersee.

Veröffentlichungen u.a.: Zeit der Narben. Roman (2021), Tomaten aus Tulsa. Stories (2015), Cohen. Eine Hommage (2014), Alles Tarnung. Roman (2013), The Beat goes on (2013), Rock Lyrik (2011), Punk Stories (2011), Beatlemania (2010), Rock Stories (2009), Beatstories (2008). www.thomas-kraft.net

Maik Brüggemeyer

# Schöner kann es gar nicht sein

*The Beatles von 1957 bis 1970*

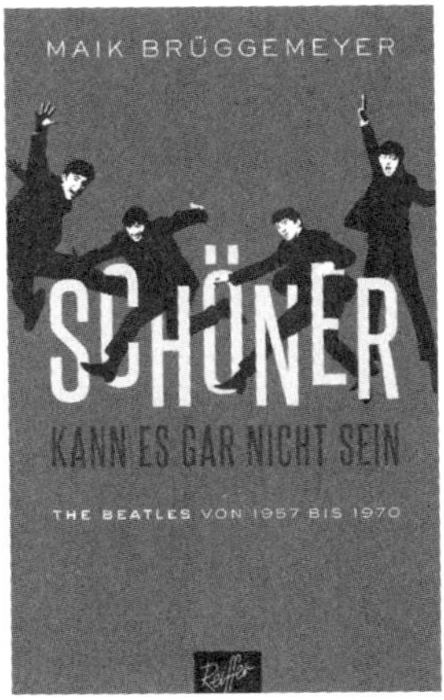


»Schöner kann es gar nicht sein« erzählt die Geschichte der größten Band der Welt aus der Sicht eines Nachgeborenen. Maik Brüggemeyer ist langjähriger Redakteur der deutschen Ausgabe des Rolling Stone und Beatles-Experte. In lebendiger Sprache wirft er einen professionellen Blick hinter die Kulissen seiner Lieblingsband und beleuchtet die Freundschaft zwischen John Lennon und Paul McCartney.

Brüggemeyer nimmt uns mit auf das Kirchenweihfest im Liverpooler Vorort Woolton, wo die beiden Songwriter zum ersten Mal einander begegnen, und zu ihrem vermutlich letzten Treffen 1976 in New York. Wir begleiten die Beatles auf ihrem Weg nach Hamburg, wo sie ihren Sound entwickeln, und in die USA, die sie nach dem Kennedy-Attentat aus der Schockstarre befreien. Wir sind mit John, Paul, George und Ringo im Studio, wenn sie die legendären Alben »Revolver«, »Sgt. Pepper's Lonely Hearts Club Band«, »The Beatles«, »Abbey Road« und »Let It Be« aufnehmen, und werden Zeuge, wie McCartney 2018 in den Cavern Club zurückkehrt.

Maik Brüggemeyer: Schöner kann es gar nicht sein
Mit Illustrationen von Karsten Weyershausen
Hardcover mit Schutzumschlag 12,5 x 20 cm, 304 Seiten, ISBN 978-3-945715-43-7

www.verlag-reiffer.de